트로트 · 명곡

바이올린 · 플루트
and PIANO
연주곡집

이구일 저

바이올린
플루트
파트보

태림스코어

차   례

차   례

나 그대에게 모두 드리리

Slow Go Go ♩= 76

이장희 노래 | 이장희 작사·작곡

낭만에 대하여

최백호 노래 | 최백호 작사·작곡

내게 애인이 생겼어요

Slow ♩ = 70

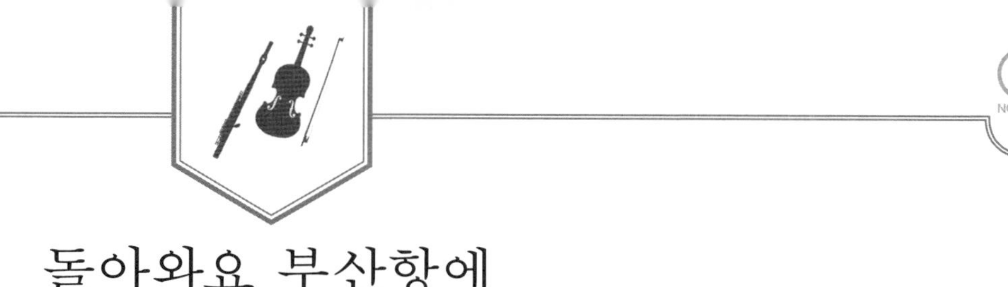

돌아와요 부산항에

조용필 노래 | 황선우 작사·작곡

동백 아가씨

이미자 노래 | 한산도 작사 | 백영호 작곡

만남

노사연 노래 | 박신 작사 | 최대석 작곡

바람기억

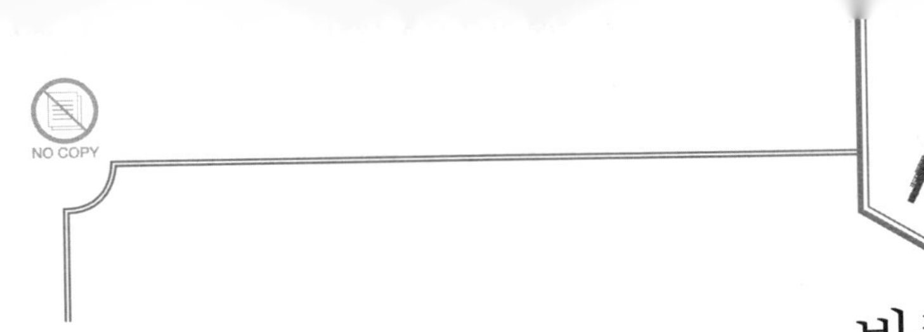

나얼 노래 | 나얼 작사·작곡

D.S. al Coda

보고싶은 얼굴

현미 노래 | 현암 작사 | 이봉조 작곡

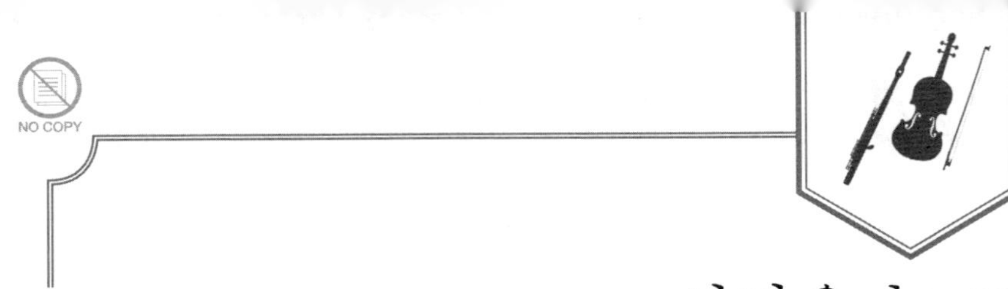

사랑은 늘 도망가

임영웅 노래 | 강태규 작사 | 홍진영 작곡

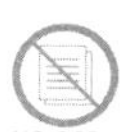

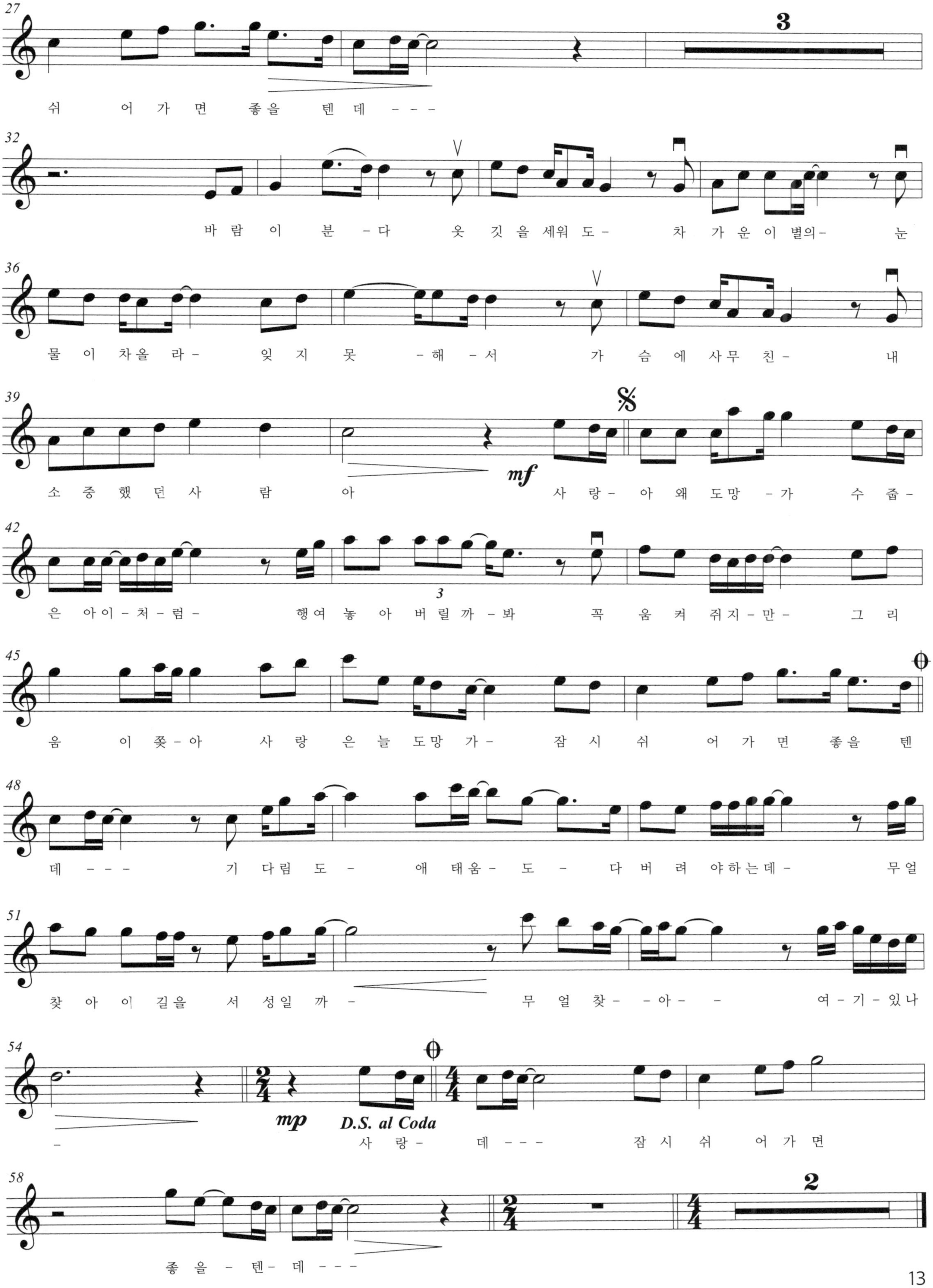

27
3
쉬 어 가 면 좋을 텐 데 - - -
32
바 람 이 분 - 다 옷 깃 을 세워 도 - 차 가 운 이 별의 - 눈
36
물 이 차올 라 - 잊 지 못 - 해 - 서 가 슴 에 사무 친 - 내
39
mf
소 중 했 던 사 람 아 사 랑 - 아 왜 도망 - 가 수 줍 -
42
3
은 아이 - 처 - 럼 - 행여 놓 아 버릴 까 - 봐 꼭 움 켜 쥐지 - 만 - 그 리
45
움 이 쫓 - 아 사 랑 은 늘 도망 가 - 잠 시 쉬 어 가 면 좋을 텐
48
데 - - - 기 다림 도 - 애 태움 - 도 - 다 버 려 야하는데 - 무얼
51
찾 아 이 길을 서 성일 까 - 무 얼 찾 - - 아 - - 여 - 기 - 있나
54
mp
D.S. al Coda
- 사 랑 - 데 - - - 잠 시 쉬 어 가 면
58
2
좋 을 - 텐 - 데 - - -

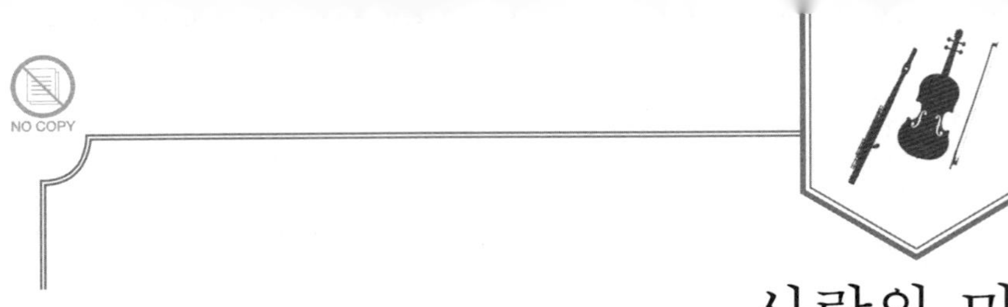

사랑의 미로

최진희 노래 | 지명길 작사 | 김희갑 작곡

Slow Go Go ♩ = 72

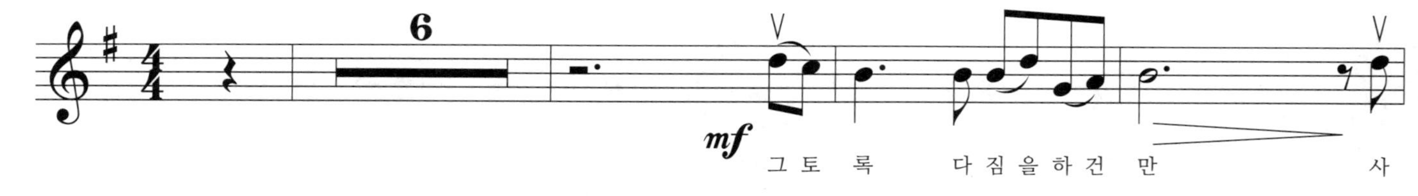

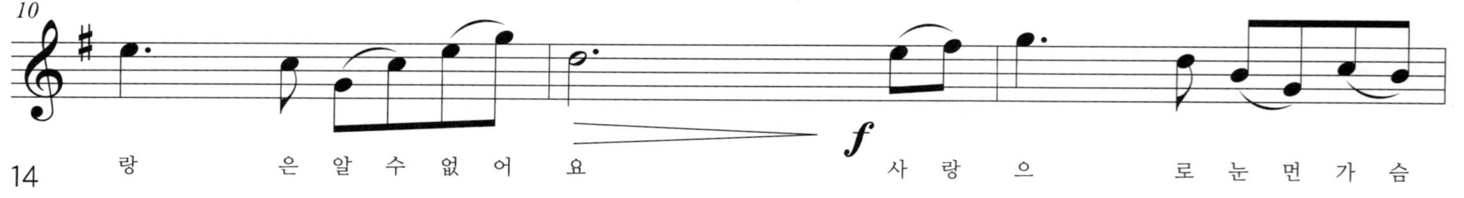

14

은 진실하 나에 울지요 그대
작 은 가 슴 에 - 심 어준 - 사 랑 이 여 - 상 처 를 - 주 지 마오 - 영 원 히
- 끝 도 시 작 도 없 이 - 아 득 한 - 사 랑 의 미 로
여 - 흐 르 는 눈 물 은 없 어 도 가
는 쓰 라 린 이 별 도 쓸
슴 은 젖 어 버 리 고 두 려 움 에 떨 리 는 것
쓸 히 맞 이 하 면 서 그 리 움 만 태 우 는 것
은 사 랑 의 기 쁨 인 가 요 그 대
이 사 랑 의 진 실 인 가 요
작 은 가 슴 에 - 심 어준 - 사 랑 이 여 - 상 처 를 - 주 지 마오 - 영 원 히
- 끝 도 시 작 도 없 이 - 아 득 한 - 사 랑 의 미 로
여 - 때 로 여 -
D.S. al Coda

아름다운 강산

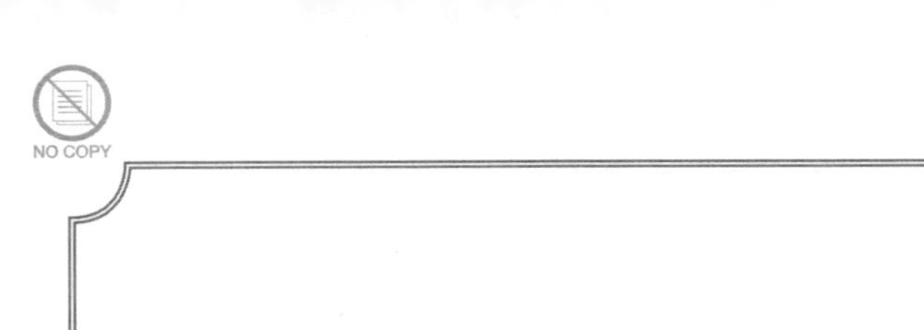

이선희 노래 | 신중현 작사·작곡

NO COPY
64
리   f 밤 밤 바바밤 바 바밤   바 바밤 밤 밤 바-
69
바바 바바밤   밤 밤 바바밤 바 바밤   바 바밤 밤 밤 바- 바바바바밤 오-
74   5
-오- -   오- -   오늘도 너를
83
만 나러 가야 지 말해야 지   먼 훗 날에   그대와
88
나 살고지고   영원한 -이 곳에   우리의   새 꿈
93
을 만들어   보 고 파 -   봄 여름이지나
99
면   가을겨울이온다 네   아 름 다 운 강 산
105
-   너 의 마 음은나의마음   나 의 마 음은너의마음   너 와 나는 한 마음 너 와
109
나   우 리 영원 히영원히   사 랑 영원 히영원히   우 리 모두 다모두다   끝 없
113   3
이   다 정 해 - - - - - -   -
17

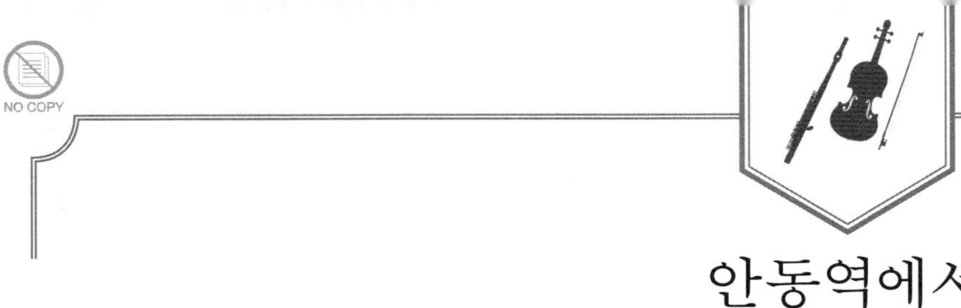

안동역에서

진성 노래 | 김병걸 작사 | 최강산 작곡

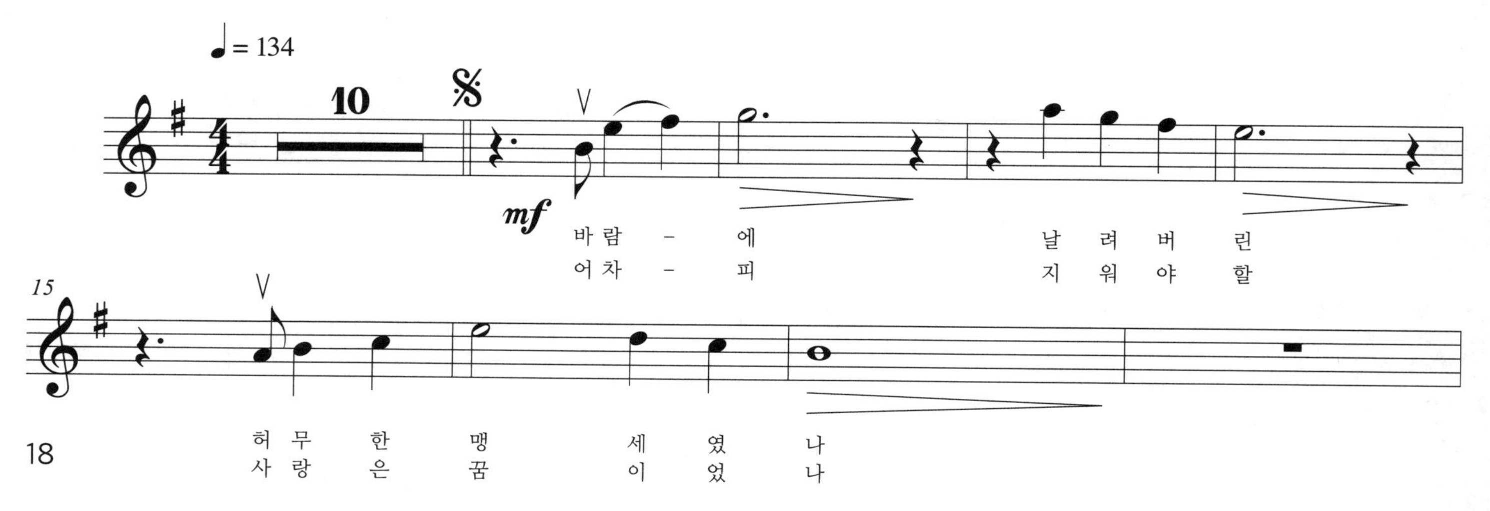

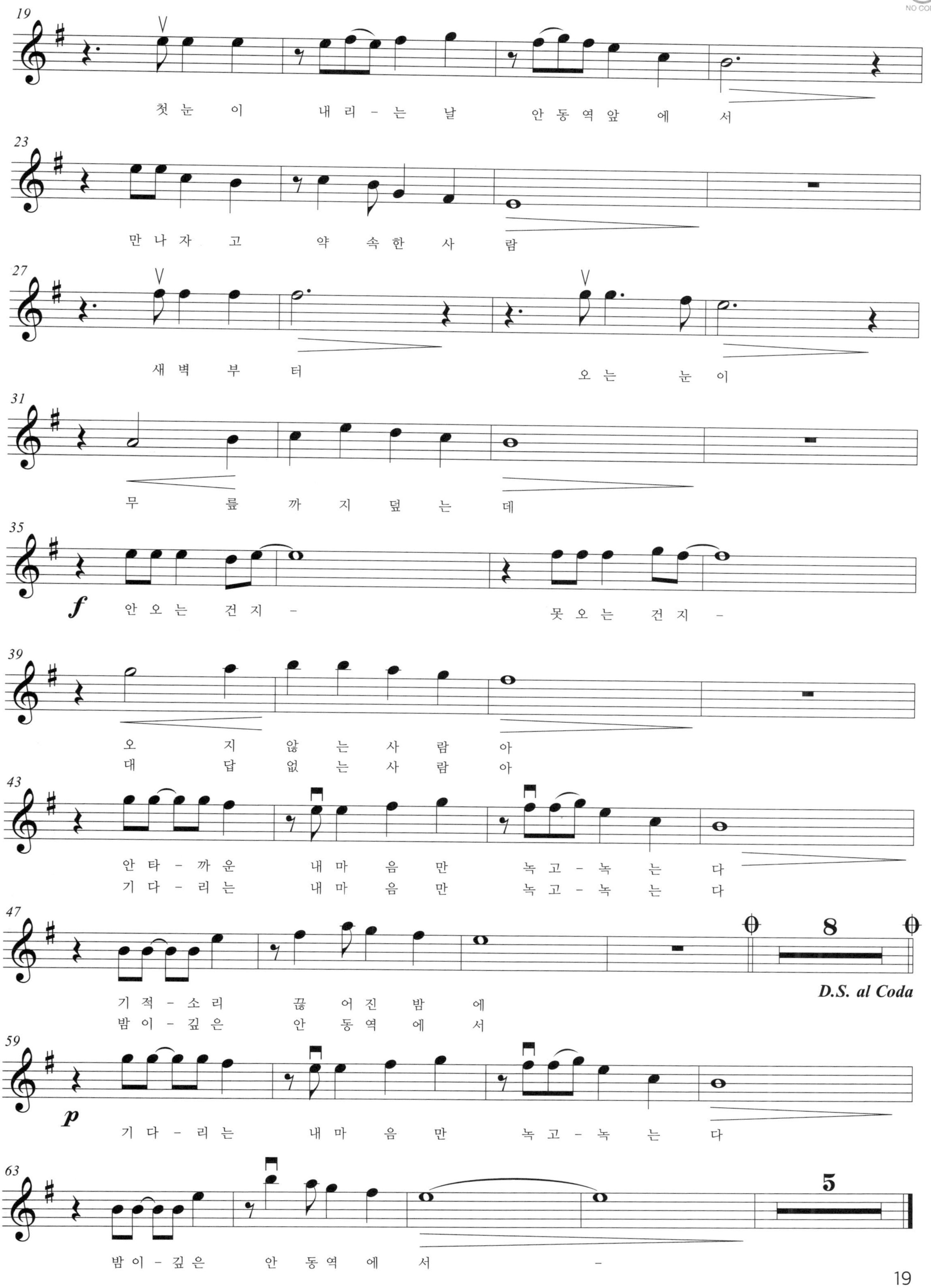
19
첫 눈 이 내 리 - 는 날 안 동 역 앞 에 서
23
만 나 자 고 약 속 한 사 람
27
새 벽 부 터 오 는 눈 이
31
무 릎 까 지 덮 는 데
35
f
안 오 는 건 지 -
못 오 는 건 지 -
39
오 지 않 는 사 람 아
대 답 없 는 사 람 아
43
안 타 - 까 운 내 마 음 만 녹 고 - 녹 는 다
기 다 - 리 는 내 마 음 만 녹 고 - 녹 는 다
47
8
D.S. al Coda
기 적 - 소 리 끊 어 진 밤 에
밤 이 - 깊 은 안 동 역 에 서
59
p
기 다 - 리 는 내 마 음 만 녹 고 - 녹 는 다
63
5
밤 이 - 깊 은 안 동 역 에 서 -

애모

애모
김수희 노래 | 유영건 작사·작곡
Slow ♩=72
mp
그 대 가 슴 에- 얼 굴 을 묻 고-
얼 -만 -큼- 나 더 살 아 야-
오 늘 은 울 고 싶 어 라 - 세 월 의 강 너 머 우 리 사 랑 은-
그 대 를 잊 을 수 있 나 - 한 마 디 말 이-
눈 물 속 에 흔 들 리 는 데 - 모 자 라 서- 다 가 설 수 없 는 사 람 아
f
그 대 - 앞 에 만 서 -면- 나 -는 왜 작 아 지 는 가
그 대 - 등 뒤 에 서 면 - 내 -눈 은 젖 어 드 는
데 사 랑 때 문 에- 침 묵 해 야 할- 나 는 당 신 의 여 자
p
그 리 고 추 억 이 있 는 -한 당 -신 은 나 의 남 자
D.S. al Coda
pp 여 당 -
신 은 나 의 남 자 여

인연

이선희 노래 | 이선희 작사·작곡

잊혀진 계절

이용 노래 | 박건호 작사 | 이범희 작곡
♩ = 75
p 우 - - - 우 - - - 우 - 우 - 우
mp 지금도 기억하고 있어요 시월의 마지막 밤을
뜻 모를 이야기만 남긴 채 우리는 헤어졌 - 지요
mf 그 - 날의 쓸 쓸했던 표정이 그 - 대의 진실인가 - 요 한 마
f
디 변명도 못하고 - 잊혀 져야 하는건가 요 - - -
언제나 돌아오는 계절은 나에게 꿈을 주지 - 만
mf 이룰 수 없는 꿈은 슬퍼요 나를 울려 - 요 -
mp 우 - - - 우 - - - 우 - 우 -
D.S. al Coda
우 - 요 -

테스형

나훈아 노래 | 나훈아 작사·작곡

편지

김광진 노래 | 허승경 작사 | 김광진 작곡

하숙생

최희준 노래 | 김석야 작사 | 김호길 작곡

Slow Go Go ♩= 86

J에게

이선희 노래 | 이세건 작사·작곡

Ave Maria (아베 마리아)

Giulio Caccini 작곡

Moderato

Bésame Mucho (베사메무쵸)

Consuelo Velázquez 작사·작곡

Csárdás (차르다시)

Vittorio Monti 작곡

Lascia Ch'io Pianga (울게 하소서)

George Frideric Handel 작곡

Larghetto

Les Larmes De Jacqueline (자클린의 눈물)

Jacques Offenbach 작곡

Libertango (리베르탱고)

Astor Piazzolla 작곡

Mosso,con energico 𝅗𝅥 = 75

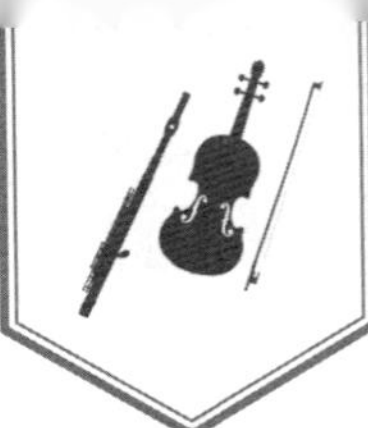

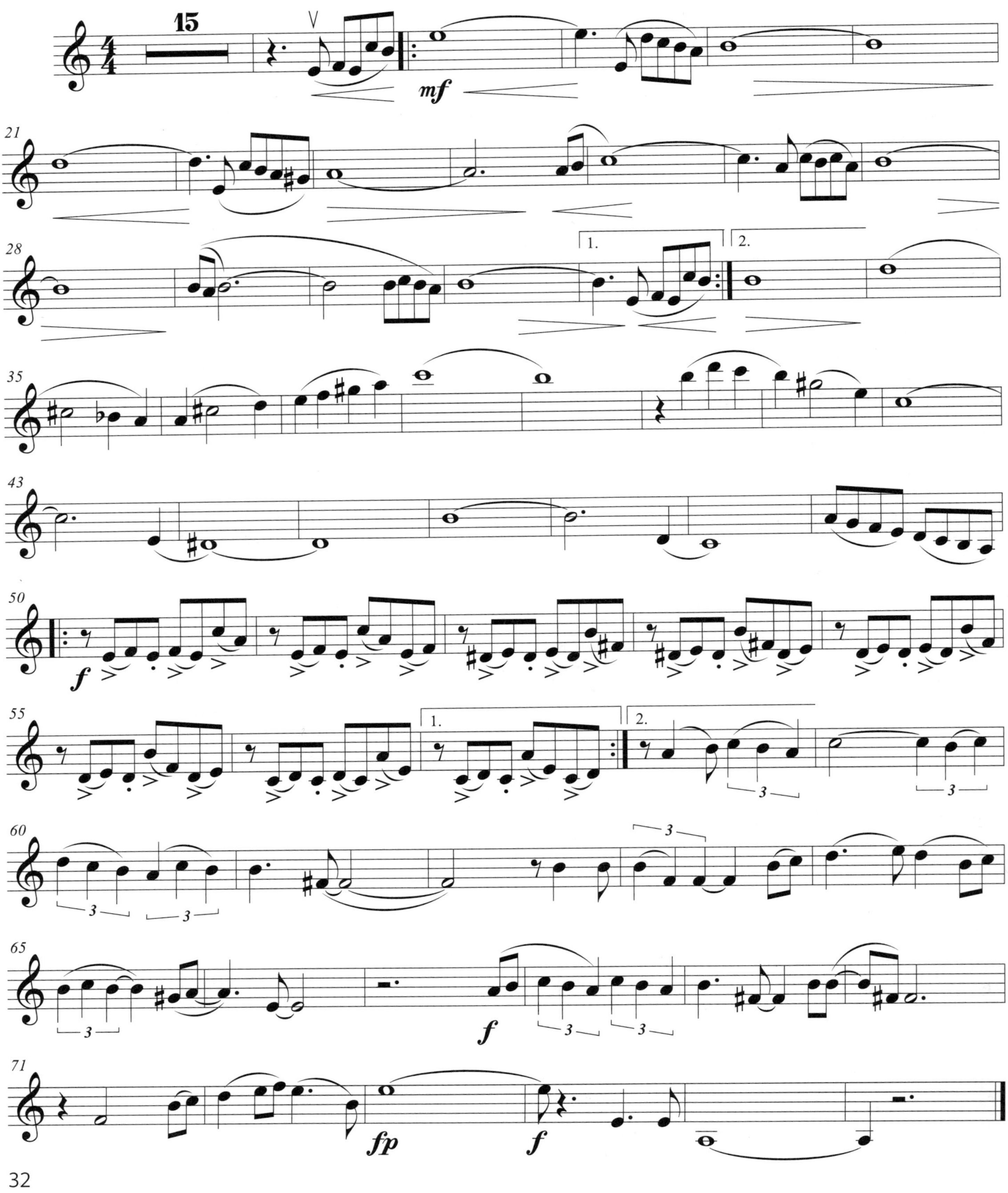

Nella Fantasia （넬라 판타지아）

Ennio Morricone 작곡

Slowly, expressively

Playing Love (사랑의 연주)

Ennio Morricone 작곡

Time To Say Goodbye (헤어질 시간)

Francesco Sartori 작곡

Una Furtiva Lagrima （남몰래 흐르는 눈물）

Gaetano Donizetti 작곡

트로트·명곡

바이올린·플루트
and PIANO
연주곡집

이구일 저

태림스코어

책을 내면서

❯❯❯❯❯❯❯❯❯ · ❮❮❮❮❮❮❮❮❮

 디지털과 인공지능(AI)이 거의 모든 영역에서 생활화되고 있는 현대사회!

 분명 편리하지만 너무 빠른 속도로 변하는 일상에 지쳐 편리한 만큼 왠지 복잡함과 불안을 느끼며 살아가고 있는 우리들... 기계화된 모든 일상은 그 어느 때보다 인간다운 감성이 강조되는 시기라 생각됩니다. 인간다운 감수성과 아름다움을 표현할 수 있는 최고의 선물은 음악이 아닐는지... 귓전을 스치는 선율이 지나간 자신의 모습을 떠올리게 하듯, 음악은 모든 이의 삶의 일부일 것입니다.

 이 책은 높은음자리표, 즉 고음 악기로 트로트 음악을 연주할 수 있도록 편곡해 달라는 주변의 부탁이 많아 이렇게 출판하게 되었습니다. 수록된 곡들을 연주하며 분주한 일상에서 지친 자신을 다독이고, 삶의 여유와 마음의 편안함을 가졌으면 합니다.

2024년
저자 이구일

차　례

차 례

나 그대에게 모두 드리리

이장희 노래 | 이장희 작사·작곡

Slow Go Go ♩= 76

득은
드릴말있네
나그대에
이내사랑을
그댈위해서라면 나는 못 할게없
네
별을따다가 그대두손에

가 득 드 리 리 리 나 그 대 에
게 드 릴 게 있 네
오 늘 밤 문 득 드 릴 게 있
네
8

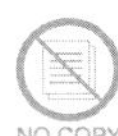

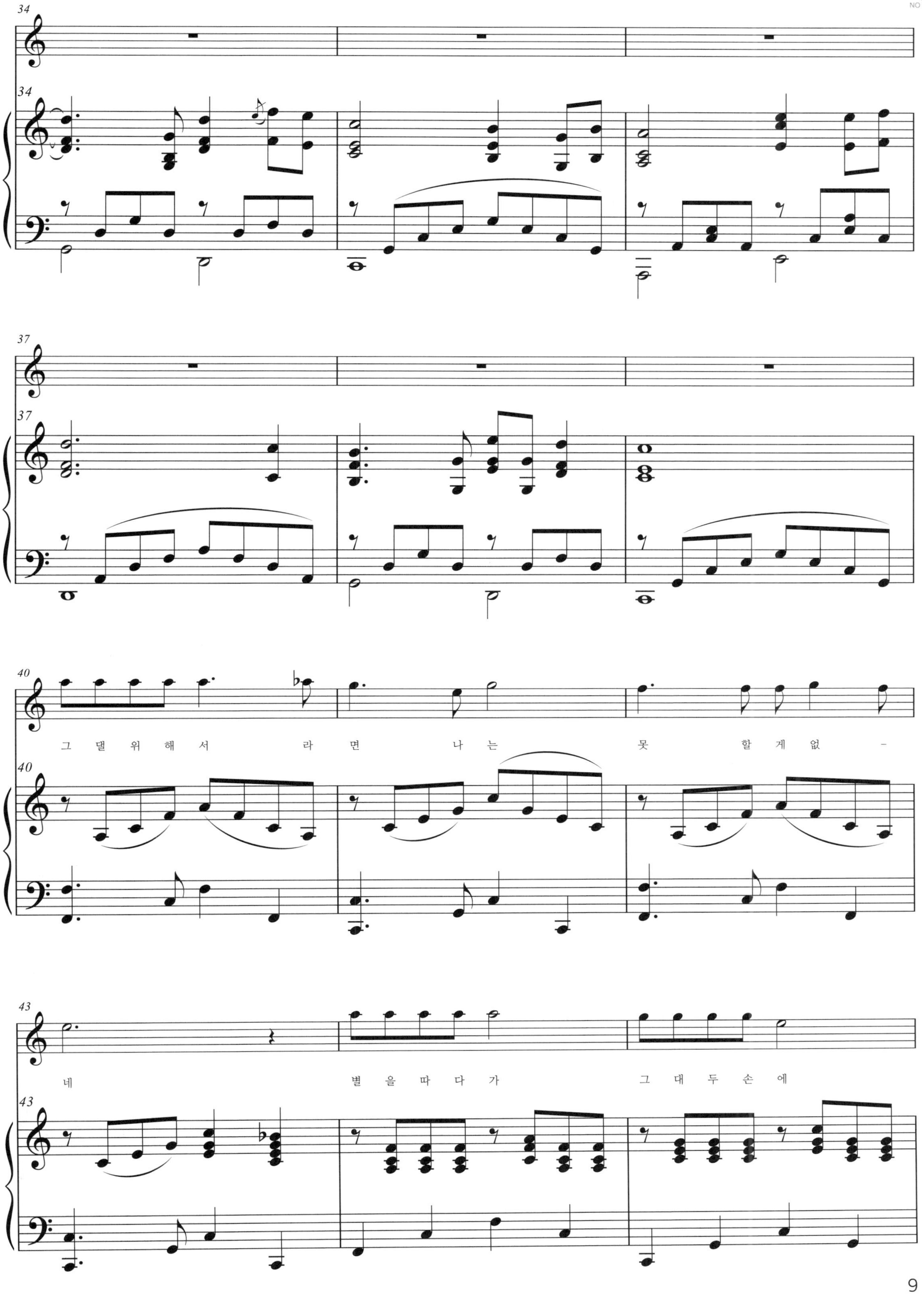
34
37
40
그 댈 위 해 서 라 면 나 는 못 할 게 없 –
43
네 별 을 따 다 가 그 대 두 손 에

가 득 드 리 리 - 리 나 그 대 에
게 - 모 두 드 리 리
- 터 질 것 같 은
- 이 내 사 랑 을

낭만에 대하여

최백호 노래 | 최백호 작사·작곡

한 잔 에 다 - 짙 은 색소폰 소리 들 어 보렴
없을 지 라 도 - 슬 픈 뱃고동 소리 들 어 보렴
새 빨간 립스 틱 에 나름 - 대로멋 을 부린
첫 사랑 그 소 녀 는 어디 - 에서나 - 처럼
마 담 에 게 실없이 - 던 지 는 농 담 - 사이로
늙 어 갈 까 가버린 - 세 월 이 서 글 - 퍼지는
짙 은 색소폰 소리 들 어 보렴
슬 픈 뱃고동 소리 들 어 보렴

NO COPY

이 제 와 새 삼 이 - 나 이 에 실 연 - 의 달 콤 함 이 야
이 제 와 새 삼 이 - 나 이 에 청 - 춘 의 미 - 련 이 야
있 겠 냐 마 는 왜 지 한 곳 이 - 비 어 있 는 내 - - 가 슴
있 겠 냐 마 는
이 잃 어 버 린 것 에 대 하 여
다 시 못 올 것 에 대 하
여 낭 - 만 에 대 하 여

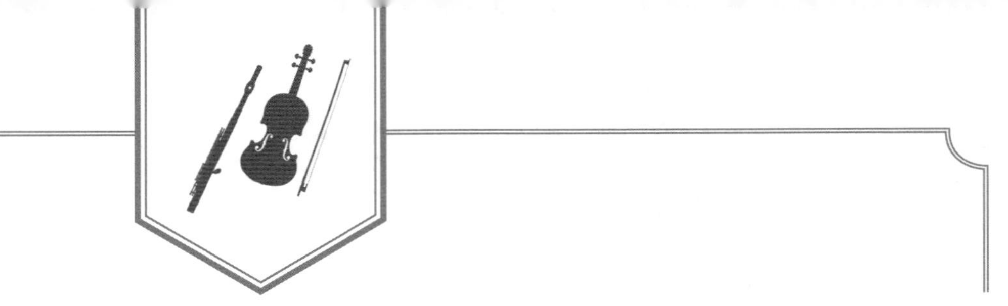

내게 애인이 생겼어요

나훈아 노래 | 나훈아 작사·작곡

NO COPY

13
난 생 처음으로- 향 수도-뿌리고 핑 크색-셔츠로 멋 도 부리구요-
난 생 처음으로- 무 스도-바르고 물 방울넥타 이로 멋 도 부리구요-
17
교회 도가려구요- 왜 냐면-그녀 가 기도하는모 습을- 봤거 든 요-
상상 도못-했던- 깜 짝이-벤트 로 멋지게프로 포즈- 하려 구 요-
21
- - - - - 내게 애인이 생겼 어요 꿈인가
- - - - - 내게 애인이 생겼어요 이제 나
24
요 아 닙니 다 내가 사랑에
도 짝있어요 내가 사랑에

빠 졌 어 요   아 주 그 냥   푹 — 빠 졌 어 요 —
빠 졌 어 요   결 혼 까 지   하 려
D.C. al Coda
구 요 —   올 가 을 에   하 려
D.C. al Coda
구 요   결 혼 식 에 —   꼭 오 세 요

돌아와요 부산항에

조용필 노래 | 황선우 작사·작곡

형 제 떠 난 부 산 항 에
그 리 워 서 헤 매 이 던
갈 매 기 만 슬 피 우 - 네 -
긴 긴 날 의 꿈 이 - 었 - 지 -
오 륙 도 돌 아 가 는 연 락 선 마 - 다
언 제 나 말 이 없 는 저 물 결 들 - 도
목 메 어 불 러 봐 도 대 답 없 는 내 형 제 여
부 딪 혀 슬 퍼 하 며 가 는 길 을 막 았 었 지

돌 아 와 요
돌 아 왔 다
부 산 항 에
부 산 항 에
그 리 운
그 리 운
내 형 제 여
내 형 제 여
D.S. al Coda
여
D.S. al Coda

동백 아가씨

이미자 노래 | 한산도 작사 | 백영호 작곡

Trot ♩= 60

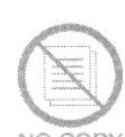

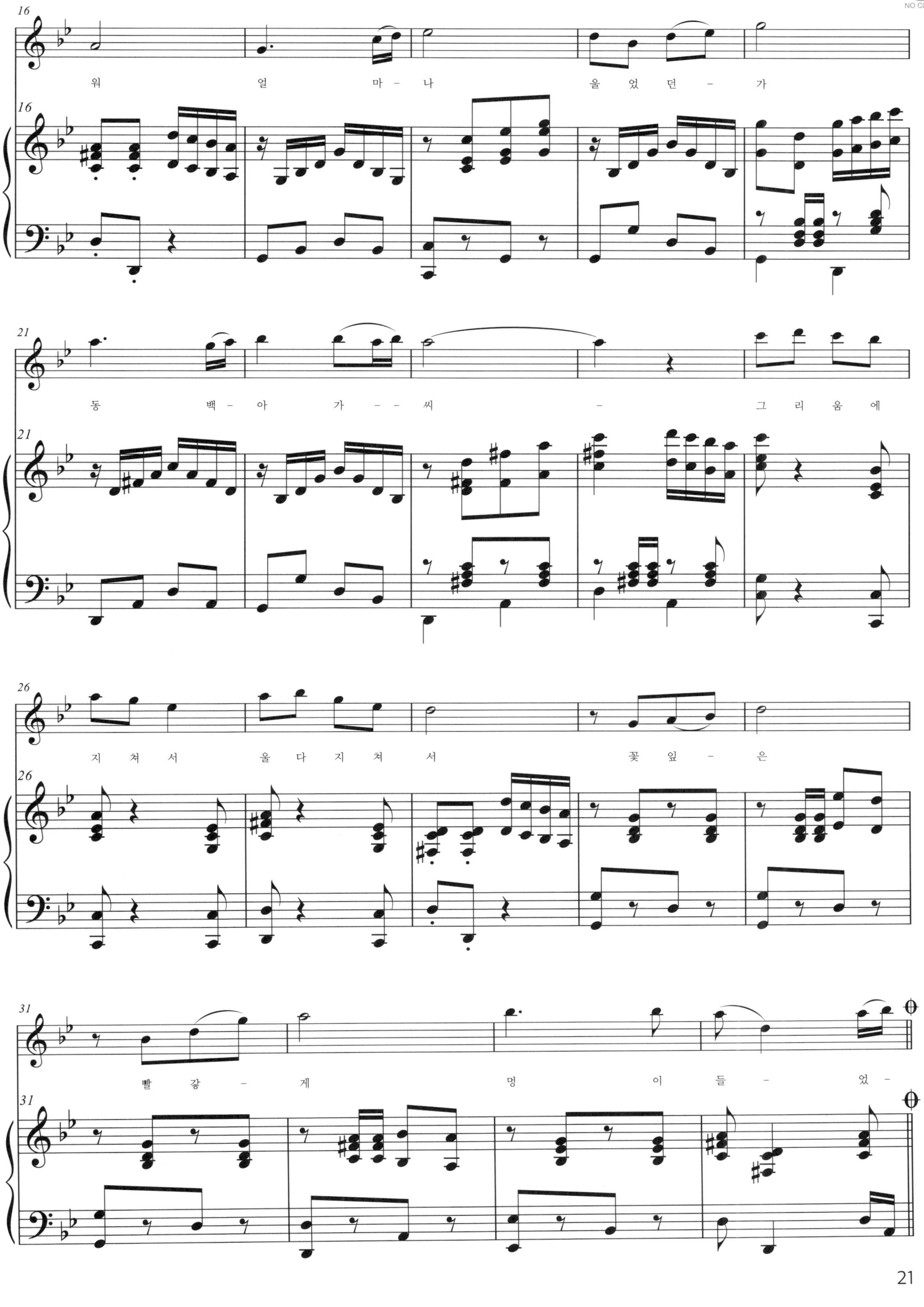
16
워 얼 마 – 나 울 었 던 – 가
16
21
동 백 – 아 가 – – 씨 – 그 리 움 에
21
26
지 쳐 서 울 다 지 쳐 서 꽃 잎 – 은
26
31
빨 강 – 게 멍 이 들 – 었 –
31

22

만남

노사연 노래 | 박신 작사 | 최대석 작곡

은   우 연 이   아 니 야   그 것
은   우 리 의   바 램   이 었
어   잊 - 기 엔   너 무 한   나 의
운 명 -   이 었 기 에   바 랄 수 는   없 지

24

만 영원을 태우리 돌
아 - 보지 - 말아 후회 - 하지 - 말
아 아 바보 - 같은 - 눈물 - 보
이 - 지 - 말아 사 - 랑해 사 - 랑

해 - 너를 너를
사 랑 해

D.S. al Coda
돌
D.S. al Coda
해
사 랑 해
사 - 랑 해 - 너를 - 너
를
사 랑 해

바람기억

나얼 노래 | 나얼 작사·작곡

지 나 간 세 월 - 에 두 눈 - 을 감 - 아 본 다
나 를 스 치 는 -
고 요 한 떨 림 - 그 작 은 소 리
- 에 난 귀 - 를 기 울 여 본 다 - 내

안   에숨쉬 − 는   커버린 − 삶의조각들이
내   안에있 − 는   모자란 − 삶의기억들이
− 날   부딪혀 − 지날때 − 그곳
− 을 바라보리라 −   우리의믿 − 음   우리의사
− 랑   그영원 − 한약 − 속들을 −

나
추 억 한 - 다 면 - 힘 차 - 게 걸 - 으 리 라
- 우 리 의 만 - 남 우 리 의 이 - 별 그 바 -
- 래 진 - 기 억 에 - 나 사 랑 했
- 다 면 - 미 소 - 를 띄 - 우 리 라 -

D.S. al Coda
D.S. al Coda

보고싶은 얼굴

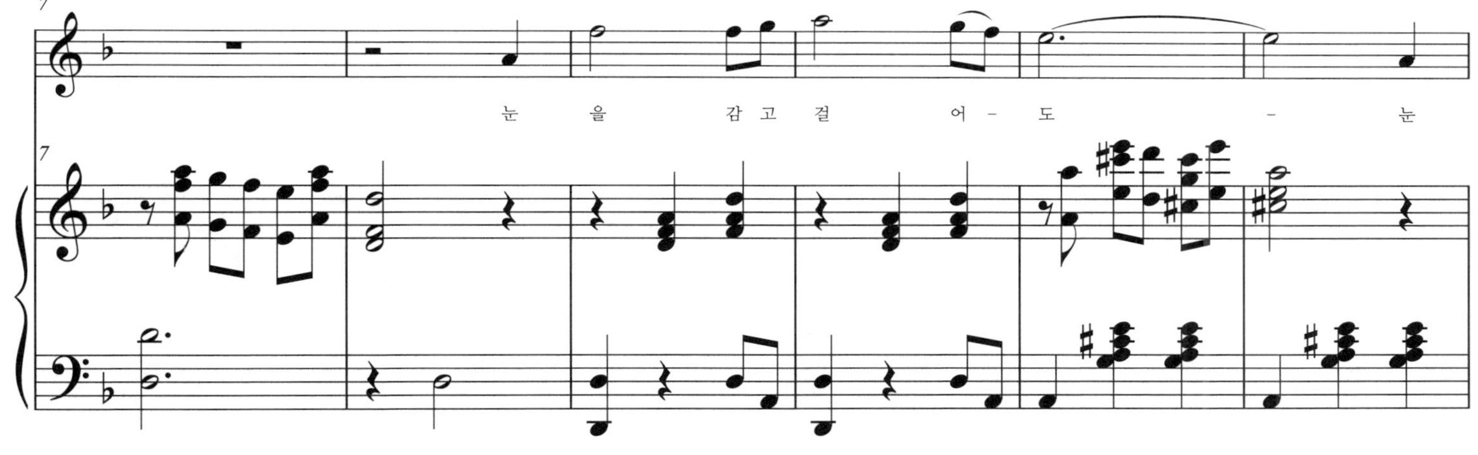

초 라 한 모 습 보 고 싶 은 얼 - - 굴 - 거
리 마 다 물 결 - 이 - 거
리 마 다 발 길 이 - 휩 쓸 고
지 나 - 간 - 허 황 한

38
거 리 에 눈 을 감고
42
걸 어 도 눈 을 뜨고걸 어 도
48
보이는 것 은 초 라 한 모 습 보 고 싶 은
54
얼 굴 굴 얼
D.C. al Coda
D.C. al Coda

사랑은 늘 도망가

임영웅 노래 | 강태규 작사 | 홍진영 작곡

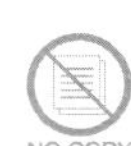

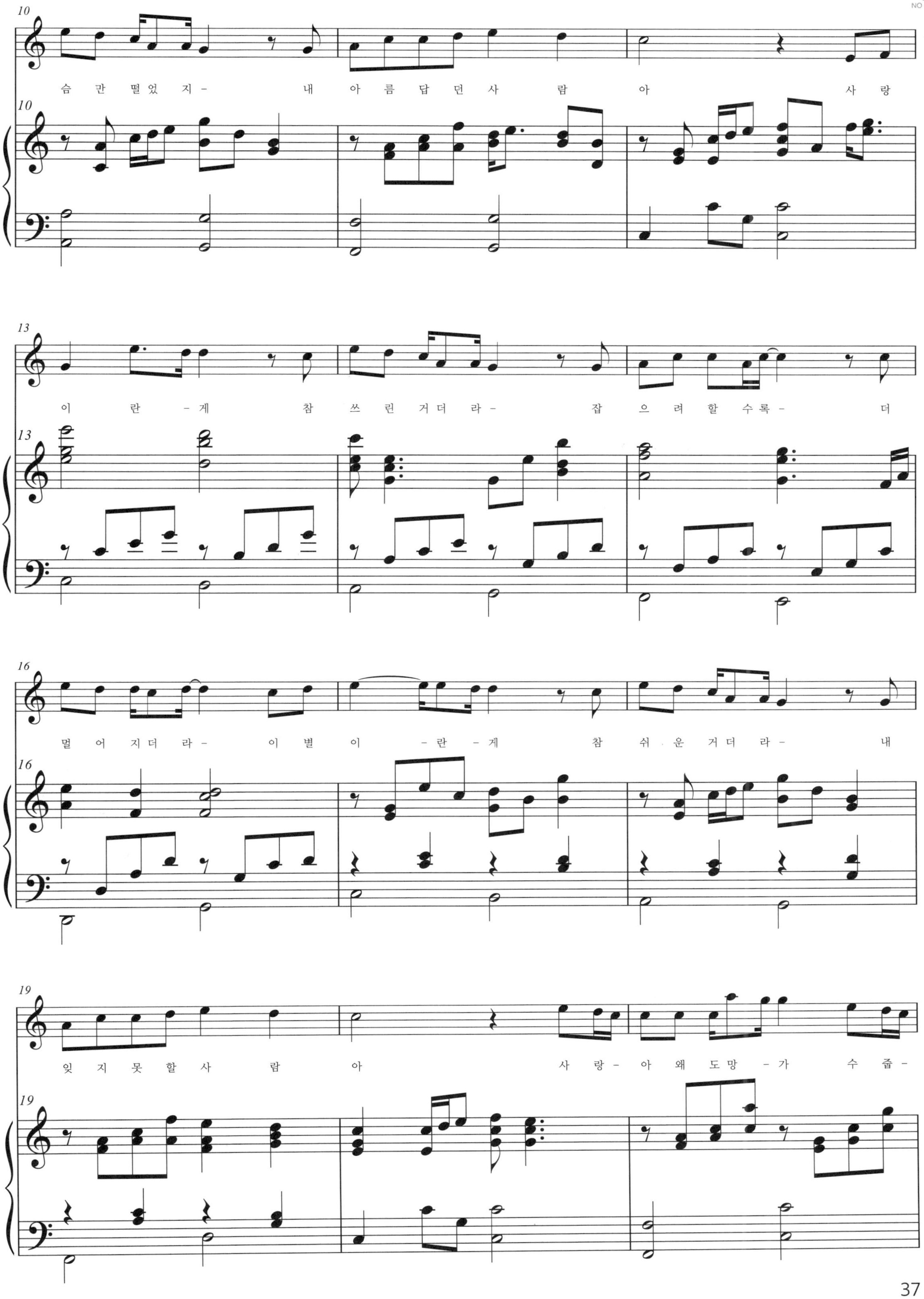
10
슴 간 떨었 지– 내 아 름 답 던 사 람 아 사 랑
13
이 란 –게 참 쓰 린 거 더 라– 잡 으 려 할 수 록– 더
16
멀 어 지 더 라– 이 별 이 –란 –게 참 쉬 운 거 더 라– 내
19
잊 지 못 할 사 람 아 사 랑– 아 왜 도 망 –가 수 줍–

은 아이 처럼 행여 놓아 버릴까 봐 꼭 움켜 쥐지만 그 리
움 이 쫓 아 사랑 은 늘 도망 가 잠 시 쉬 어 가면 좋을 텐
데
바 람 이 분 다 옷 깃을 세 워 도 차

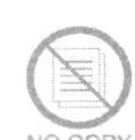

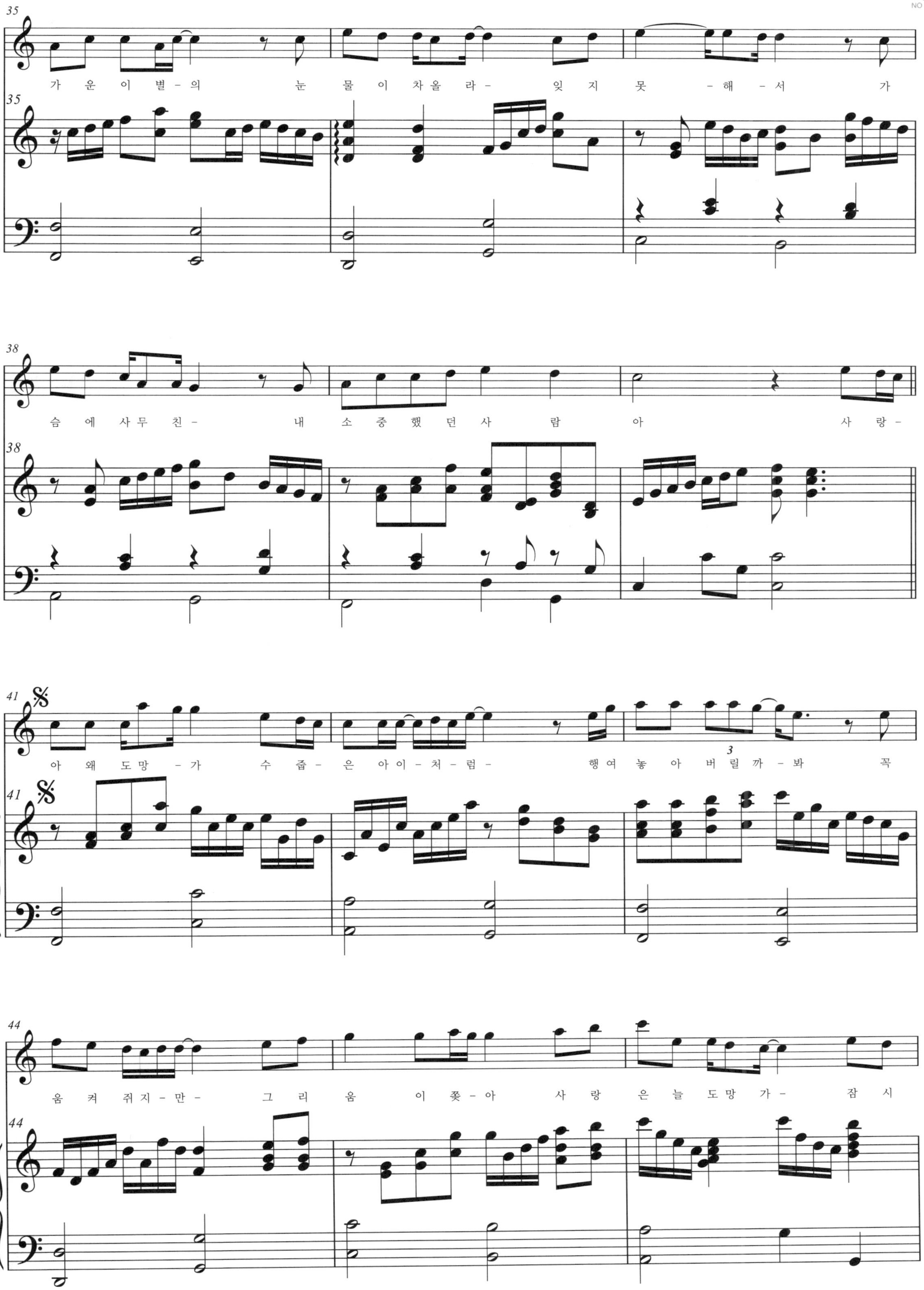
35
가 운 이 별 - 의 눈 물 이 차 올 라 - 잊 지 못 - 해 - 서 가
35
38
슴 에 사 무 친 - 내 소 중 했 던 사 람 아 사 랑 -
38
41
3
아 왜 도 망 - 가 수 줍 - 은 아 이 - 처 - 럼 - 행 여 놓 아 버 릴 까 - 봐 꼭
41
44
움 켜 쥐 지 - 만 - 그 리 움 이 쫓 - 아 사 랑 은 늘 도 망 가 - 잠 시
44

쉬 어 가면 좋을 텐 데 - - - 기 다림 도 - 애 태움-도 - 다 버려 야하는데 - 무얼
찾 아 이길을 서성일 까 - 무 얼찾- -아 - - 여-기-있나 -
D.S. al Coda
사 랑- 데 - - - 잠시 쉬 어 가면 좋을 - 텐-
데 - - -
D.S. al Coda

40

사랑의 미로

최진희 노래 | 지명길 작사 | 김희갑 작곡

랑 은 알 수 없 어 도
습 은 젖 어 버 리 고
쓸 히 맞 이 하 면 서
사 랑 으 로 눈 먼 가 슴
두 려 움 에 떨 리 는 것
그 리 움 만 태 우 는 것
은 진 실 하 나 에 울 지 요
은 사 랑 의 기 쁨 인 가 요
이 사 랑 의 진 실 인 가 요
그 대
작 은 가 슴 에 - 심 어 준 - 사 랑 이 여 - 상 처 를 - 주 지 마 오 - 영 원 히
- 끝 도 시 작 도 없 이 - 아 득 한 - 사 랑 의 미 로

1, 2.
3.
여
흐 르
때 로
여
흐 르
때 로
여
43
NO COPY

아름다운 강산

이선희 노래 | 신중현 작사·작곡

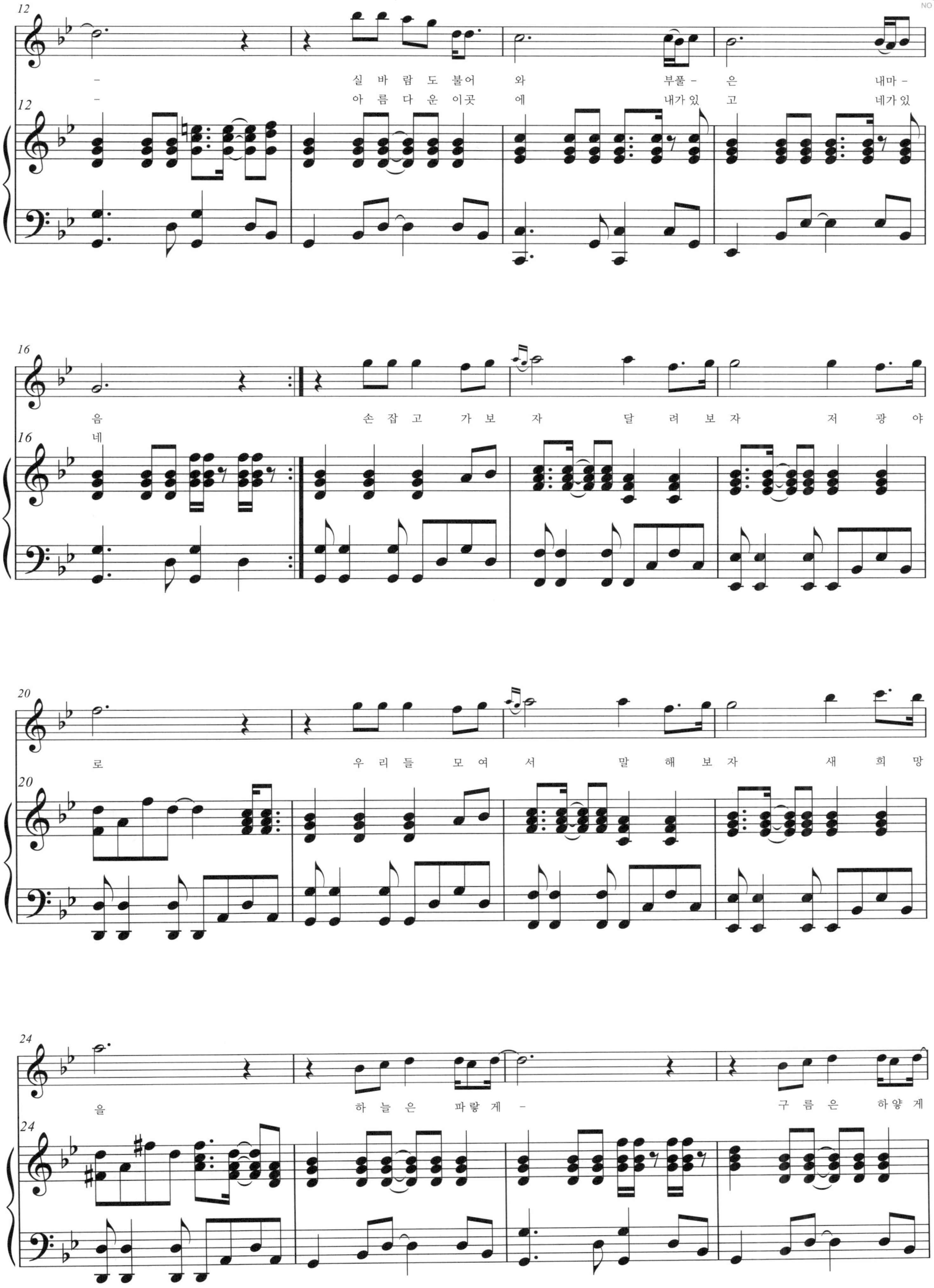

12
실바람도불어와 부풀－은 내마－
아름다운이곳 에 내가있 고 네가있
16
네
손잡고가보자 달려보자 저광야
20
로
우리들모여서 말해보자 새희망
24
을
하늘은파랗게－ 구름은하얗게

실 바람도 불어 와 부풀은 내마-
음
우리는 이땅위에 우리는 태어나
고 아름다운 이곳에 자랑스런 이곳

에 살 러 라
찬 란 하 게 빛 나 는 붉 은 태 양 이 비 추
고 하 얀 물 결 넘 치 는 저 바 다 와 함 께 있
네 그 얼 마 나 좋 - 은 가 우 리 사 는 이 - 곳

에
사 랑 하 는 그대 와
노 - 래 하
리
밤 밤 바바밤 바 바밤 바
바밤 밤 밤 바 - 바바바바밤
밤 밤 바바밤 바 바밤 바
바밤 밤 밤 바 - 바바바바밤
오 - - 오 - - 오 -

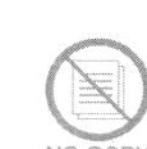

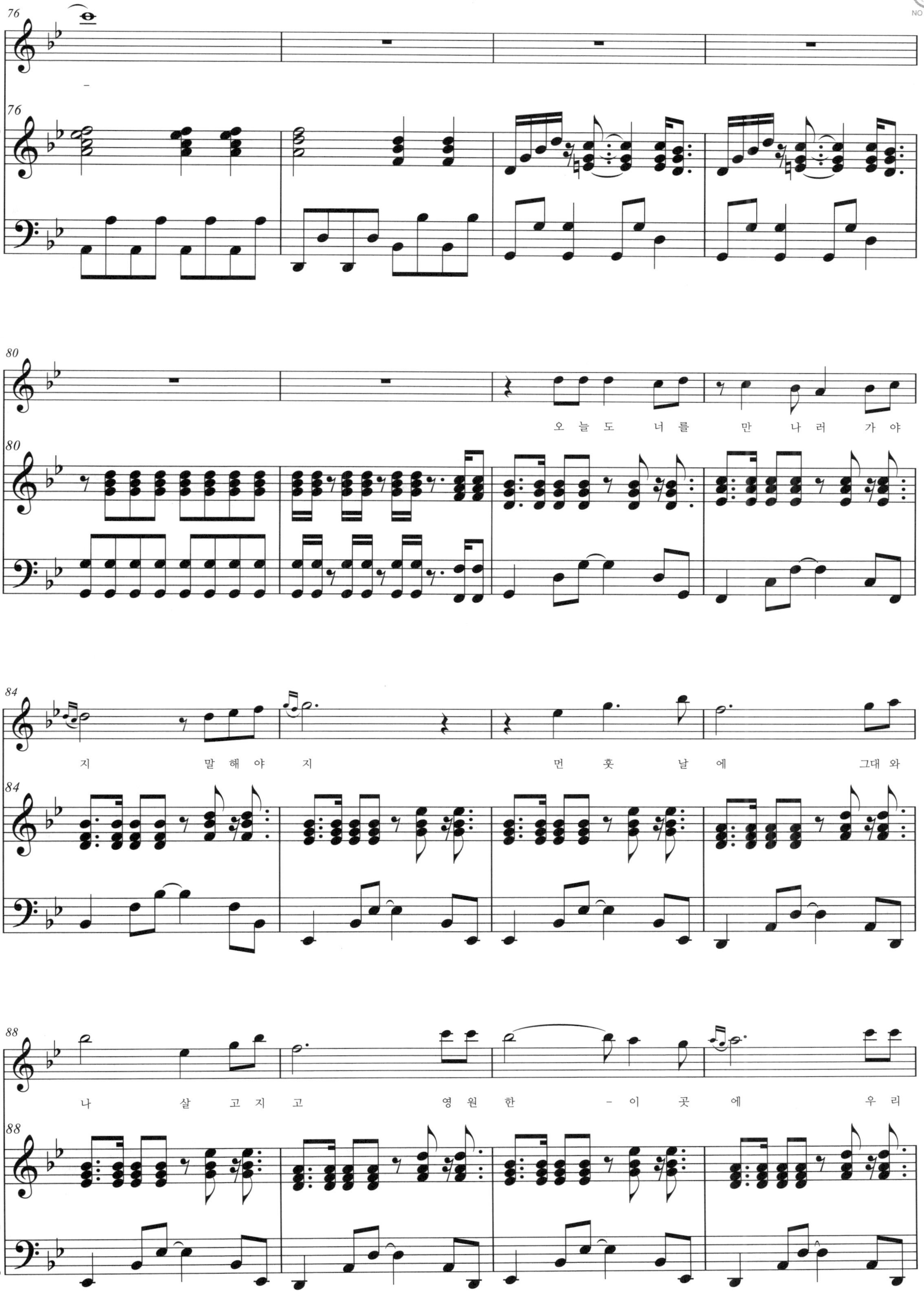
76
80
오 늘 도 너 를 만 나 러 가 야
84
지 말 해 야 지 먼 훗 날 에 그대와
88
나 살 고 지 고 영 원 한 - 이 곳 에 우 리

의 새꿈을 만들어 보고
파 - 봄 여름이지나면
가을겨울이온다네 아 름 다 운 강
산 - 너의 마음은나의마음 나의 마음은너의마음 너와
NO COPY

나 는 한 마음 너와 나 우리 영원 히영원히 사 랑
영원 히영원히 우 리 모두 다모두다 끝없 이
다 정 해

안동역에서

진성 노래 | 김병걸 작사 | 최강산 작곡

NO COPY

에 피
날 려 버 린
지 워 야 할
허 무 한 맹 세 였 나
사 랑 은 꿈 이 었 나
첫 눈 이 내 리 는 날
안 동 역 앞 에 서
만 나 자 고

약 속 한 사 람
새 벽 부 터 오 는 눈
이 무 릎 까 지 덮 는
데 안 오 는 건 지

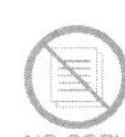

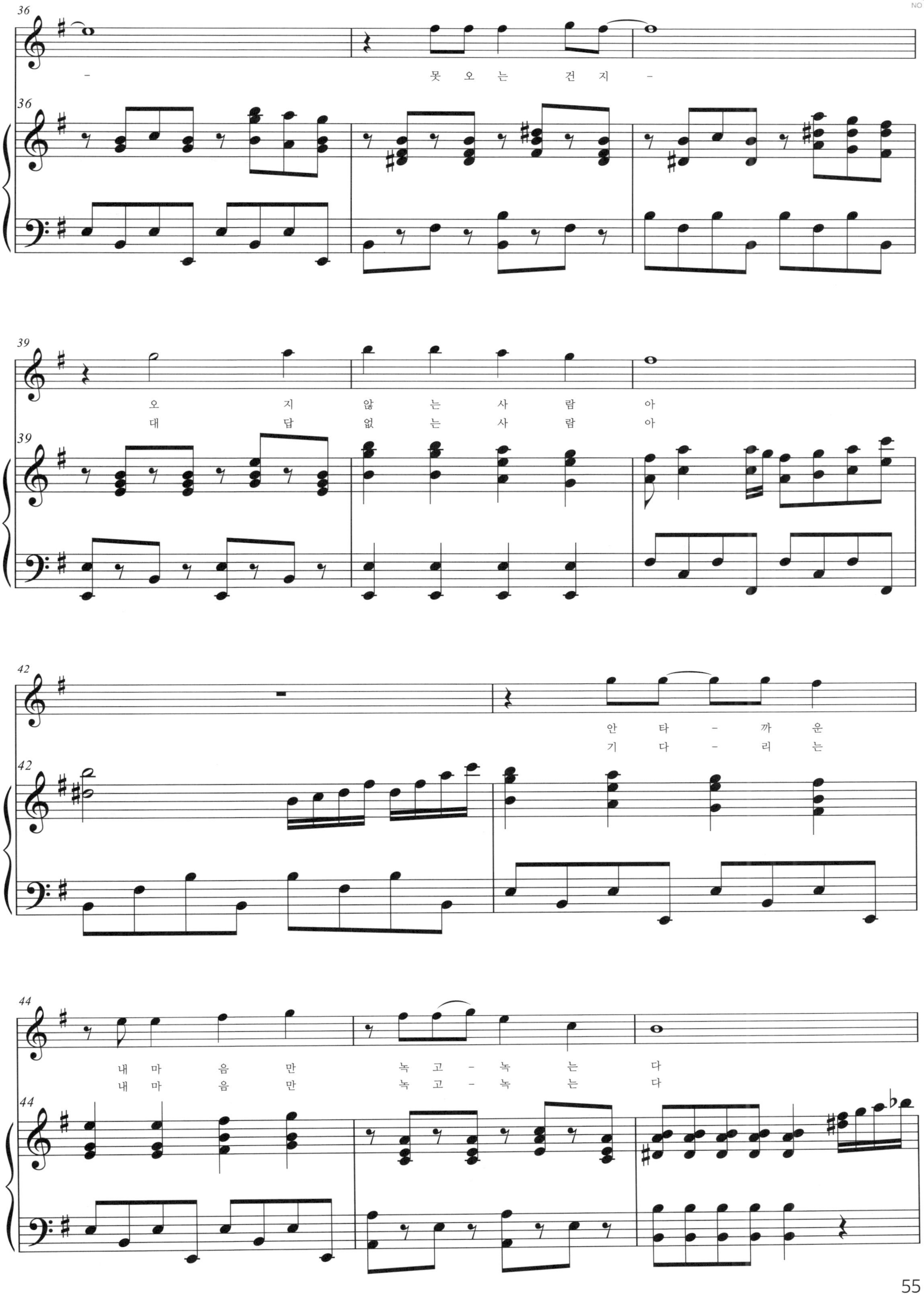
36
- 못 오 는 건 지 -
39
오 지 않 는 사 람 아
대 답 없 는 사 람 아
42
안 타 - 까 운
기 다 - 리 는
44
내 마 음 만 녹 고 - 녹 는 다
내 마 음 만 녹 고 - 녹 는 다

기 적 － 소 리 　 끊 어 진 밤 에
밤 이 － 깊 은 　 안 동 역 에 서
D.S. al Coda
D.S. al Coda

기 다 리 는 내 마 음 만 녹 고 녹 는
다
밤 이 깊 은 안 동 역 에
서

애모

김수희 노래 | 유영건 작사·작곡

세월의 강 너머 우리사랑은 -
한마디 말이 -
눈물속에흔들리는데 -
모자라서 - 다가
설수 없는사람아 -
그대 - 앞에만
서 - 면 - 나 - 는 왜작아지는가 -

그 대 - 등 뒤 에 서 면 - 내 - 눈 은 젖 어 드 는
가 사 랑 때 문 에 - 침 묵 해 야 할 -
나 는 당 신 의 여 자 - 그 리 고 추 억 이
있 는 - 한 당 - 신 은 나 의 남 자 요
60

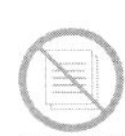

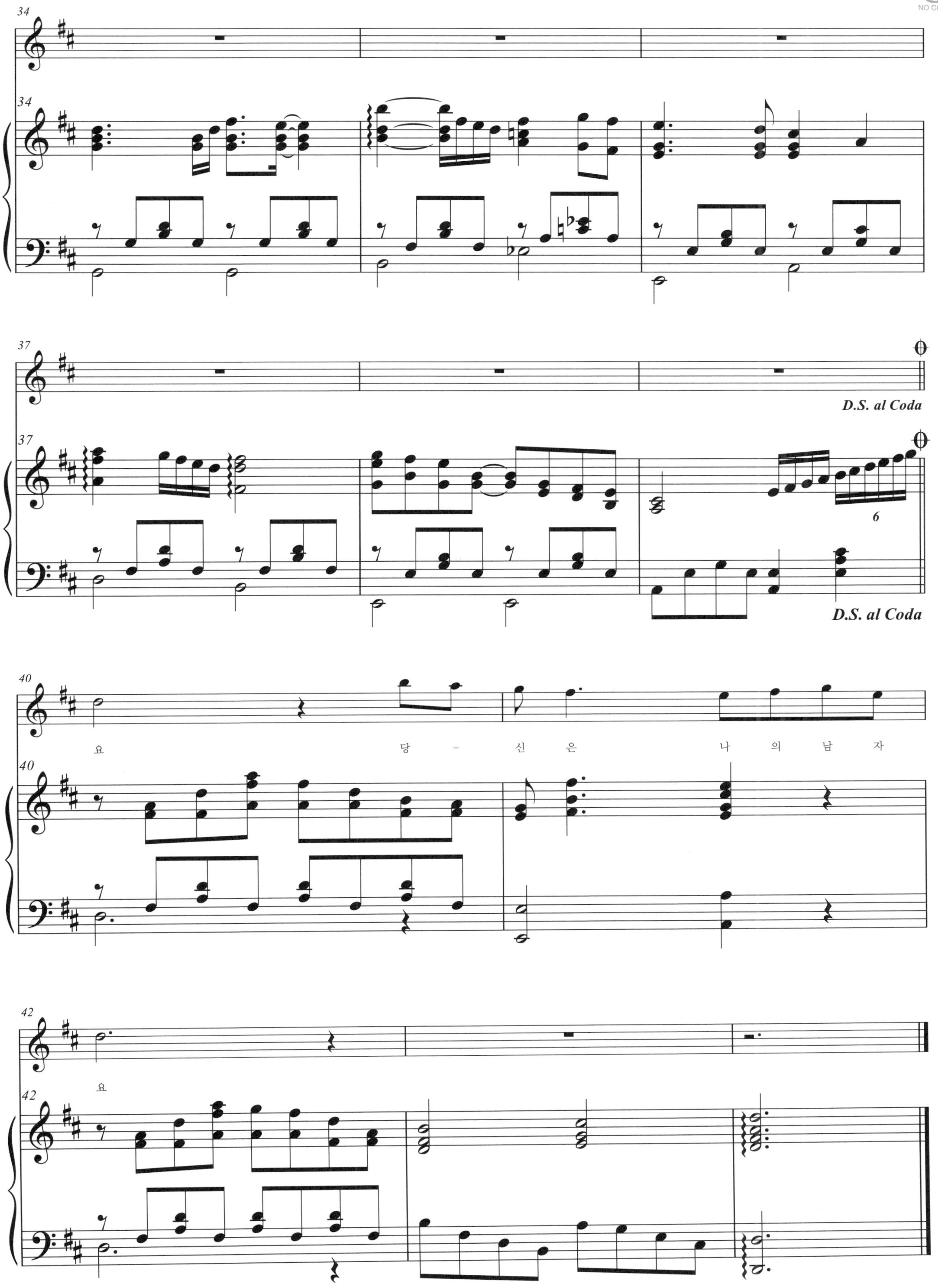
34
37
D.S. al Coda
6
D.S. al Coda
40
요
당 - 신 은
나 의 남 자
42
요

인연

이선희 노래 | 이선희 작사·작곡

10
다 지 나 고 - 다 시 보 게 - 되 는 그 날 - 모
짧 았 지 만 - 빗 장 열 어 - 자 리 했 죠 - 맺
13
든 걸 버 리 고 그 대 곁 에 서 서 남 은 길 을 - 가 리 란
지 못 한 데 도 후 회 하 지 않 죠 영 원 한 건 - 없 으 니 -
16
- 걸 인 연 이 라 고 하 - 죠 거 부
- 까 운 명 이 라 고 하 - 죠 거 부
19
할 수 가 없 - 죠 내 생
할 수 가 없 - 죠 내 생

에 이처럼아-름다운날- 또다
에 이처럼아-름다운날- 또다
시 올수있을까-요- 고달
시 울수있을까-요 하고
픈 삶의 길-에 당신
픈 말많지-만 당신
은 선물-인-걸 이사
은 아실-테-죠 먼길

랑 이 녹 슬 지 않 도 록 늘 닦
돌 아 만 나 게 되 는 날 다 신
아 비 출 게 - 요
놓 지 말 아
65

D.S. al Coda
D.S. al Coda
-요   이 생 에   못 한   사
-랑--   이 생-에   못 한   --인

연
먼 길 돌 아 다 시 만 나
는 날 나 를 놓 지 말
아 요
67

잊혀진 계절

이용 노래 | 박건호 작사 | 이범희 작곡

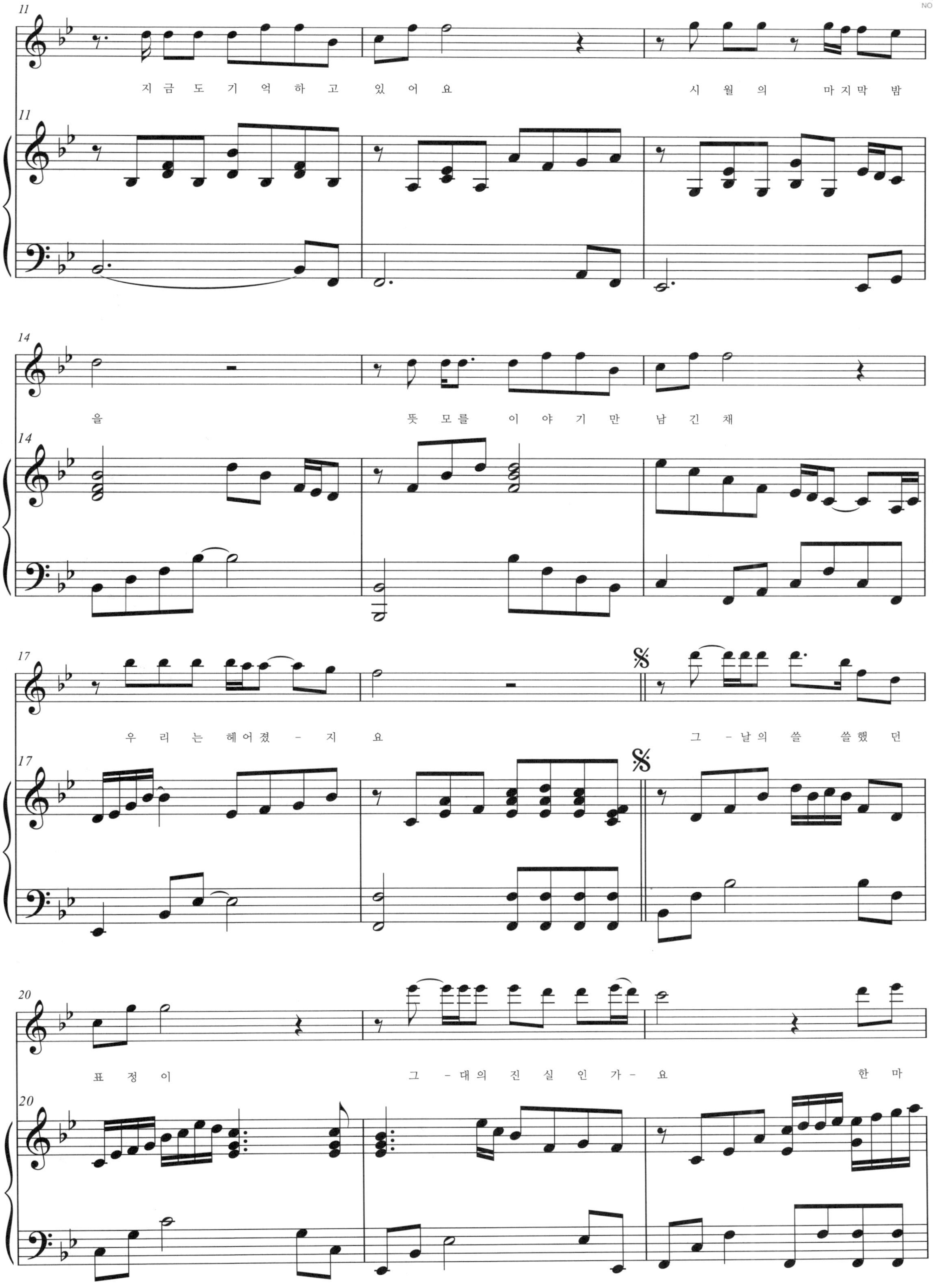
11
지 금 도 기 억 하 고 있 어 요
시 월 의 마 지 막 밤
14
을
뜻 모 를 이 야 기 만 남 긴 채
17
우 리 는 헤 어 졌 - 지 요
그 - 날 의 쓸 쓸 했 던
20
표 정 이
그 - 대 의 진 실 인 가 - 요
한 마

디 변 명 도 못 하 고 - 잊 혀 져 야 하 는 건 가
요 - - - 언 제 나 돌 아 오 는
계 절 은 나 에 게 꿈 을 주 지 -
만 이 룰 수 없 는 꿈 은

슬 퍼 요
나 를 울 려
- 요 -
우 - - -

D.S. al Coda
D.S. al Coda

테스형

나훈아 노래 | 나훈아 작사·작곡

탕
에
턱 빠 지 게 웃 는 다
제 비 꽃 이 피 었 다
그 리 고 는 아 픔 을 -
들 국 화 도 수 줍 어 -
그 웃 음 에 묻 는
샛 노 랗 게 웃 는
다
다
그 저 와 준 오 늘 이 -
그 저 피 는 꽃 들 이 -
고 맙 - 기 는 하 여 도 -
예 쁘 - 기 는 하 여 도 -
죽 어 도 오 고
자 주 오 지 못

NO COPY

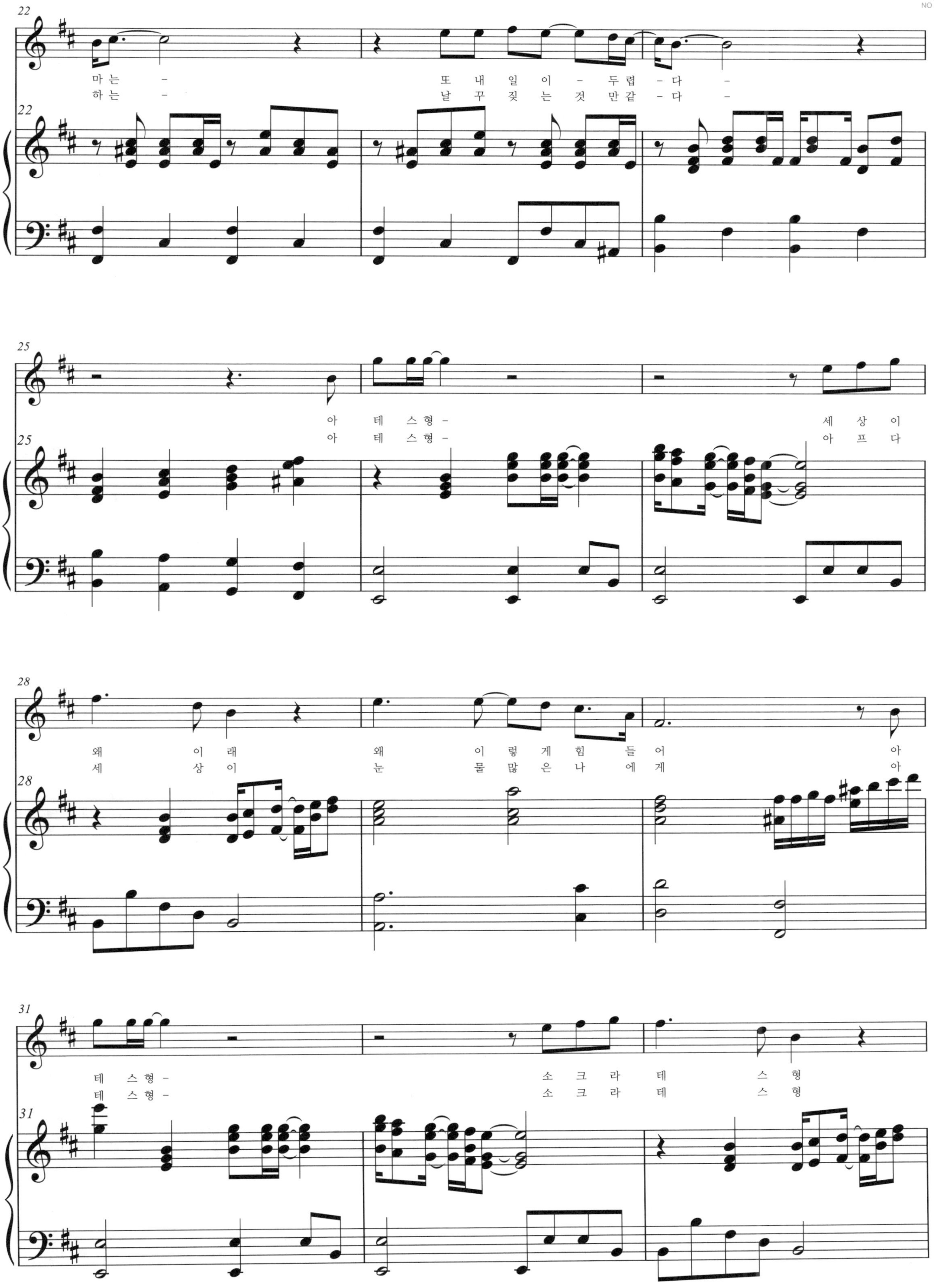

마 는 -
하 는 -
또 내 일 이 - 두 렵 - 다 -
날 꾸 짖 는 것 만 같 - 다 -
아 테 스 형 -
아 테 스 형 -
세 상 이
아 프 다
왜 이 래
세 상 이
왜 이 렇 게 힘 들 어
눈 물 많 은 나 에 게
아
아
테 스 형 -
테 스 형 -
소 크 라 테 스 형
소 크 라 테 스 형

34
사 랑은 - 또 - 왜 이 - 래 -
세 월은 - 또 - 왜 이 - 래 -
37
너 자 신 을 알 라 며 -
먼 저 가 본 저 세 상 -
툭 내 뱉 고 간
어 떤 가 요 테
40
말 을 -
스 형 -
내 가 어 찌 알 겠 소 -
가 보 니 깐 천 국 은 -
43
모 르 겠 소 - 테 스 - 형 - -
있 던 가 요 테
D.C. al Coda
D.C. al Coda

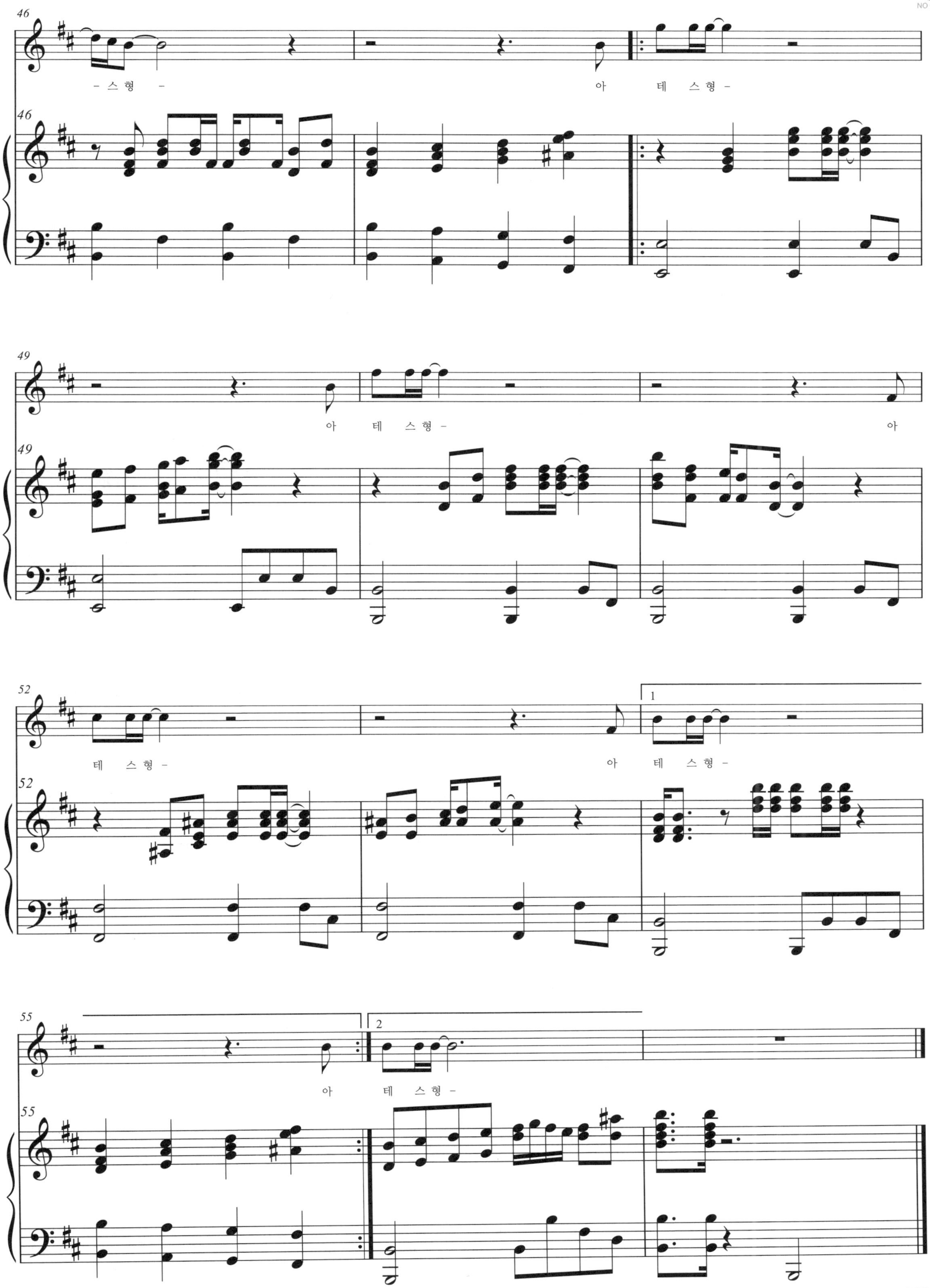
46
– 스 형 –
아 테 스 형 –
49
아 테 스 형 –
아
52
테 스 형 –
아 테 스 형 –
1
55
아 테 스 형 –
2

편지

김광진 노래 | 허승경 작사 | 김광진 작곡
♩=74
여 기 까 지 가   끝 인 가 보 오   이 제 나 는 돌 아 서 겠
죠   억 지 노 력 으 로   인 연 을 거 슬 러   괴 롭 히 지 는 않

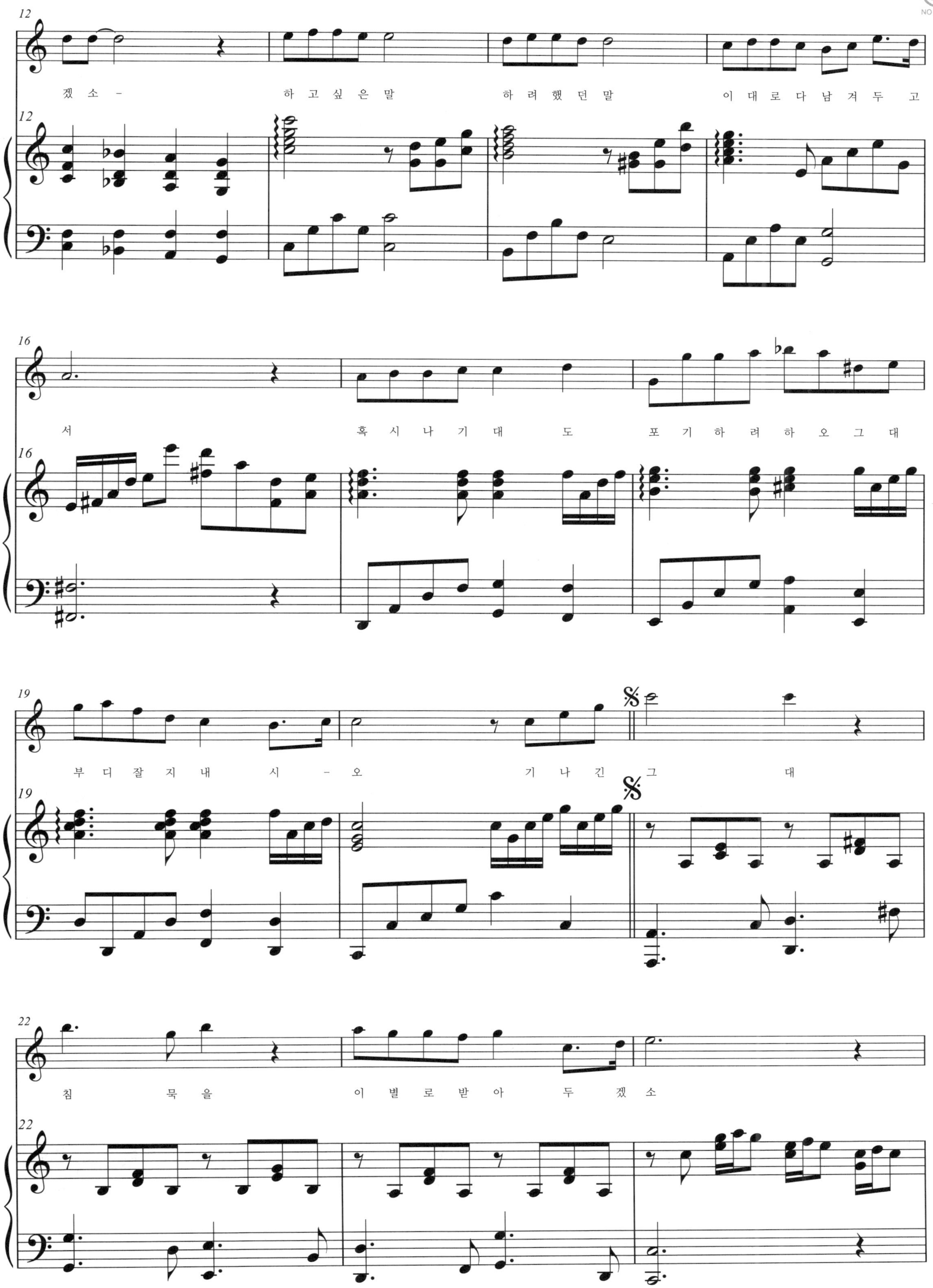
12
겠 소 – 하 고 싶 은 말 하 려 했 던 말 이 대 로 다 남 겨 두 고
16
서 혹 시 나 기 대 도 포 기 하 려 하 오 그 대
19
부 디 잘 지 내 시 – 오 기 나 긴 그 대
22
침 묵 을 이 별 로 받 아 두 겠 소

행 여 이 맘 다 칠 까 근 심 은 접
어 두 오 오 - - 사 랑 한 사 람 이 여 -
더 이 상 못 보 아 도 - - - 사 실 그 대 있 음
으 로 힘 겨 - 운 날 들 을 견 며 왔 음 을 감 사 하 -

- 오 -
좋 은 사 람 만 나 오 - 사 는 동
안
날 잊 고 사 시 오
- 진 정 행 복 하
길
바 라 겠 소 이 맘 만 가 져 가 - 오

NO COPY
49
49
52
D.S. al Coda
기 나 긴 이 맘 만 가 져
D.S. al Coda
52
55
가 오
55
58
58
82

하숙생

최희준 노래 | 김석야 작사 | 김호길 작곡

Slow Go Go ♩ = 86

가   구 름 - 이 - 흘 러 가 듯   떠 -
가   구 름 - 이 - 흘 러 가 듯   여 -
돌 아 가 는 길 에   정 - 일 랑 두 지 말
울 져 가 는 길 에   정 - 일 랑 두 지 말
자   미 련 일 랑 두 지 말 자   인 생
자   미 련 일 랑 두 지 말 자   인 생
은 - 나 그 네 길   구 름 이 흘 러 가
은 - 벌 거 숭 이   강 물 이 흘 러 가

22
듯
듯
정 처 없 이 흘 러 서 간 다
소 리
25
28
D.S. al Coda
인 생 없 이 흘 러 서 간 다
D.S. al Coda
31
rit.

J에게

이선희 노래 | 이세건 작사·작곡

Slow Go Go ♩ = 82

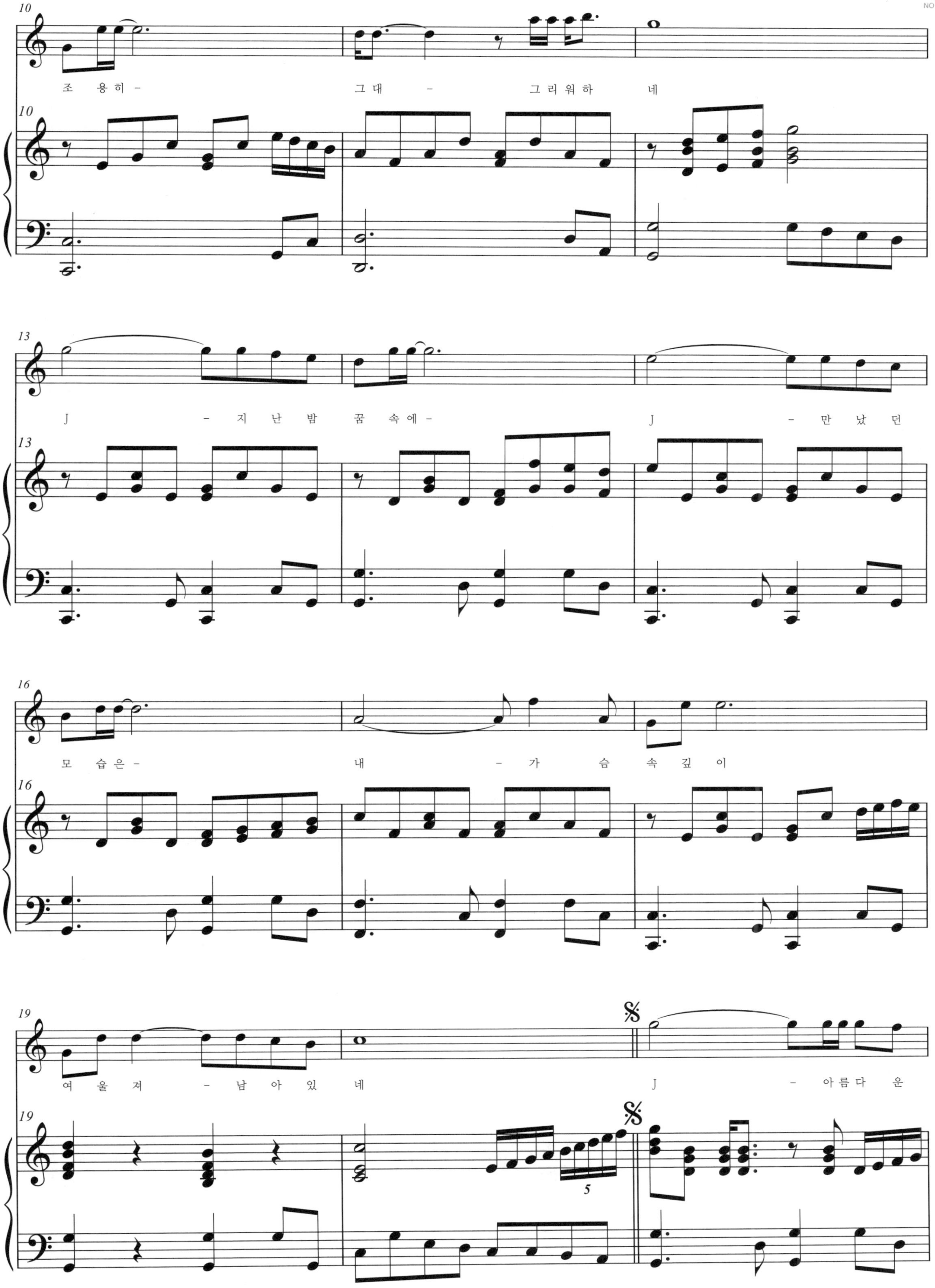
10
조 용히 –
그대 –
그리워하
네
13
J – 지 난 밤
꿈 속에 –
J – 만 났 던
16
모 습은 –
내 – 가
슴 속 깊 이
19
여 울 져 – 남 아 있
네
J – 아름다 운
5

여름 날이 - 멀리 - 사 라졌다 - 해도 -
J - 나 - 의 사 랑은 - 아 직
도 변함없는 데 J - 난 너를
못 잊어 - J - 난 너를 사 랑해 -
88

우 리 가 걸 었 던
추 억 의
그 길 을
난
이 밤 도
쓸 쓸 히
쓸 쓸 히
걷 고 있
네

D.S. al Coda
쓸 쓸히 - - 걷 고 있
rit.
D.S. al Coda
a tempo
네
a tempo

Ave Maria (아베 마리아)

Giulio Caccini 작곡

Moderato

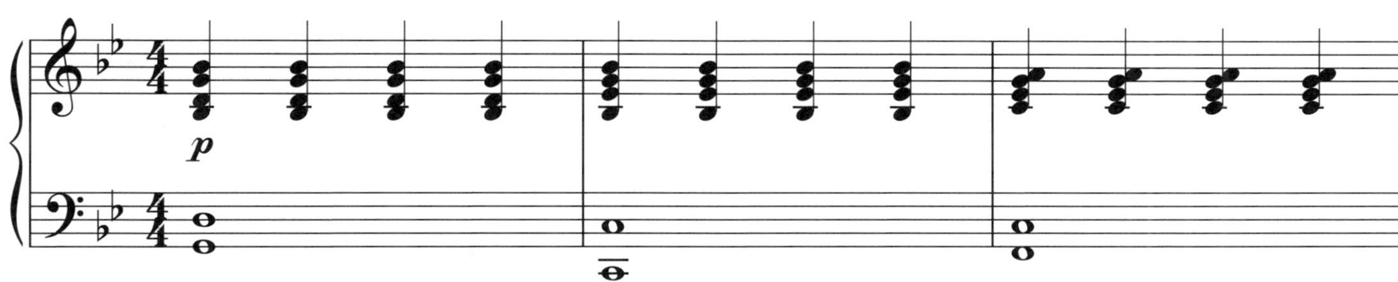

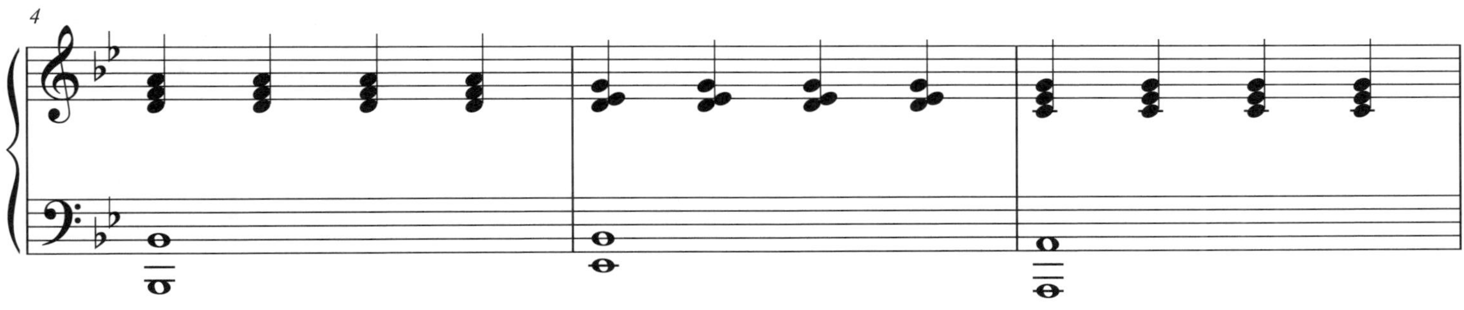

NO COPY

97

Bésame Mucho (베사메무쵸)

Consuelo Velázquez 작사·작곡

♩ = 63

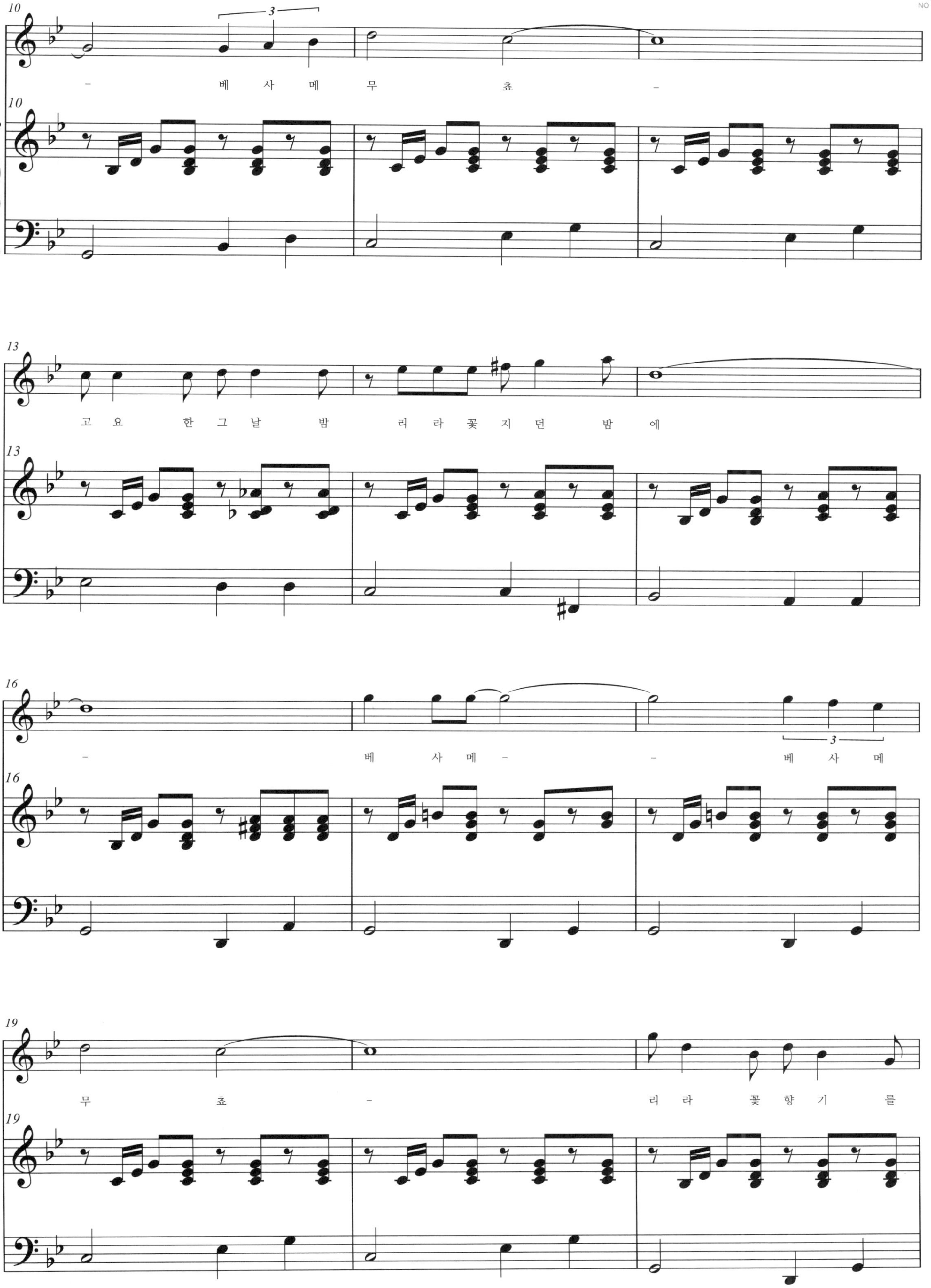
10
– 베 사 메 무 쵸 –
13
고 요 한 그 날 밤 리 라 꽃 지 던 밤 에
16
– 베 사 메 – – 베 사 메
19
무 쵸 – 리 라 꽃 향 기 를

나 에게 전해 다 오
베사메무쵸야 리라꽃같－은 귀여운아－가
씨
베사메무쵸야 그대는외로운
산 타 마 리－아

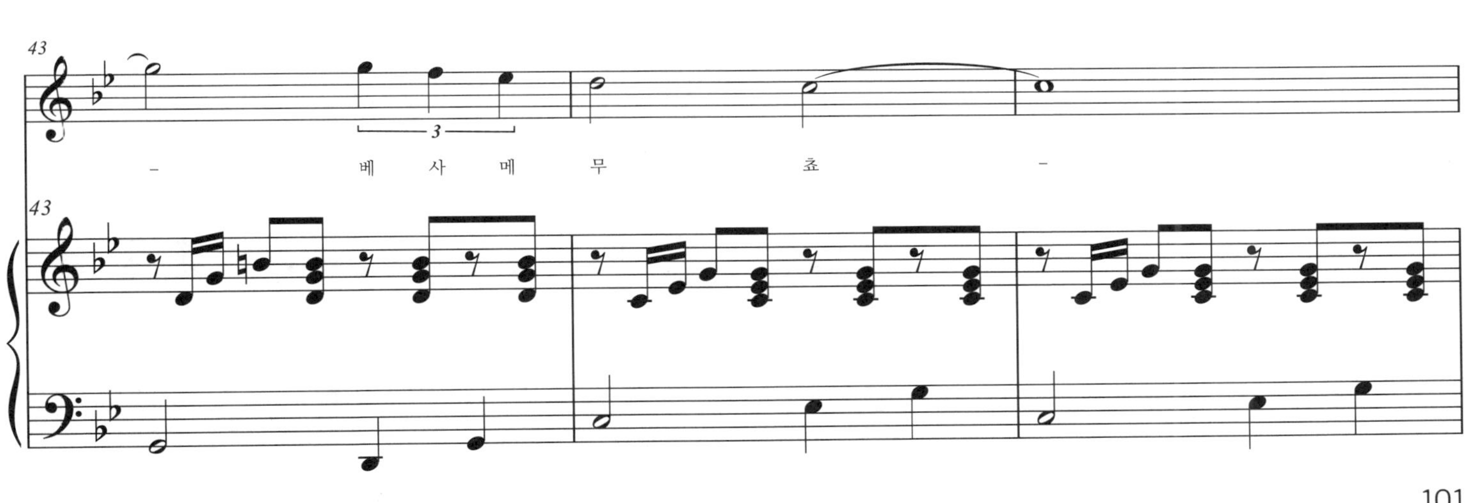

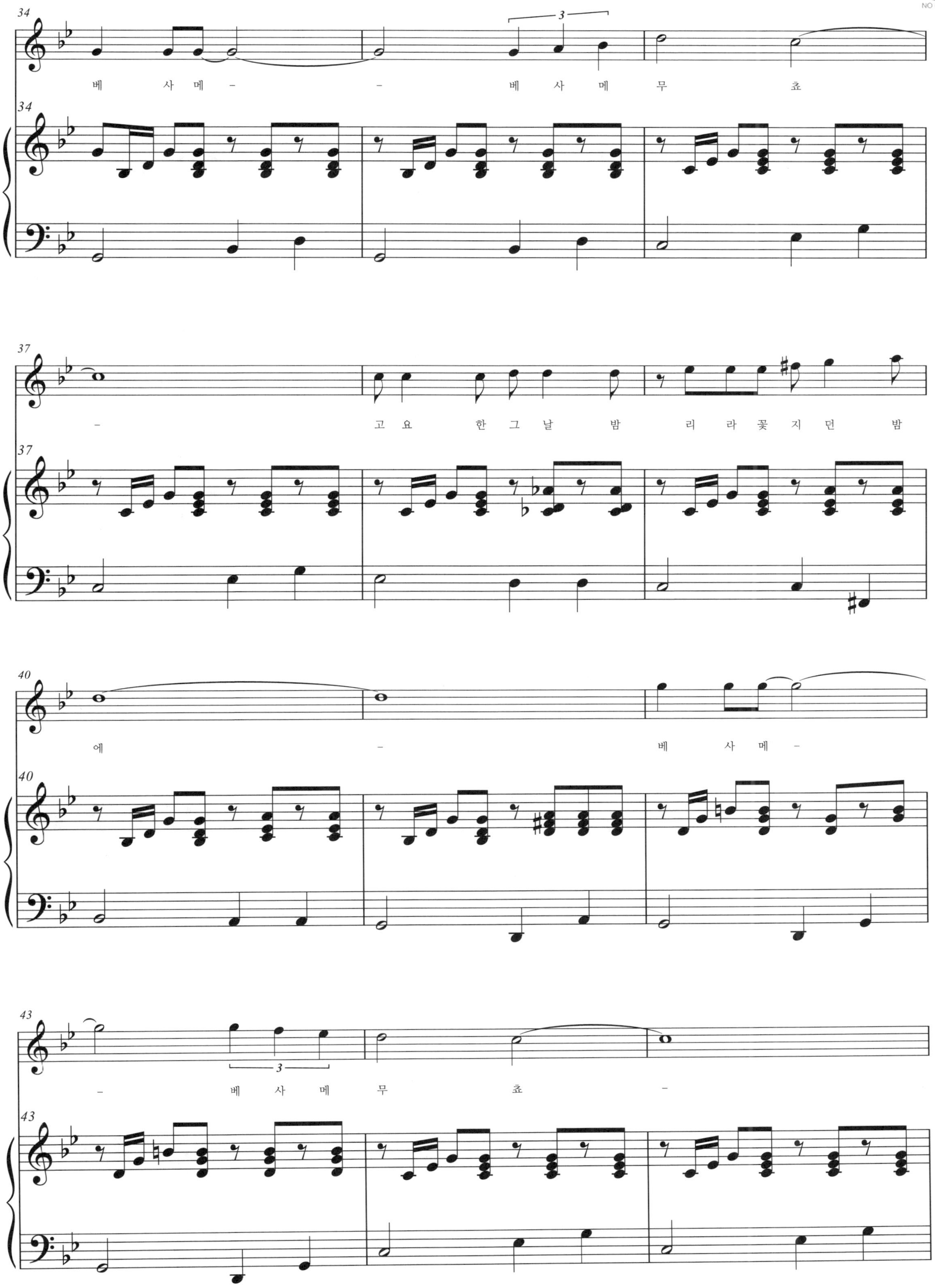
34
베 사 메 – – 베 사 메 무 쵸
37
– 고 요 한 그 날 밤 리 라 꽃 지 던 밤
40
에 – 베 사 메 –
43
– 베 사 메 무 쵸 –
3

NO COPY
리 라 꽃 향 기 를 나 에 게 전 해 다 오

D.S. al Coda
D.S. al Coda
103

Csárdás (차르다시)

Vittorio Monti 작곡

molto rall.
f
mf
6
molto rall.
f
mf
6
poco rall.
3
p
molto rall.
f
f

Lascia Ch'io Pianga (울게 하소서)

George Frideric Handel 작곡

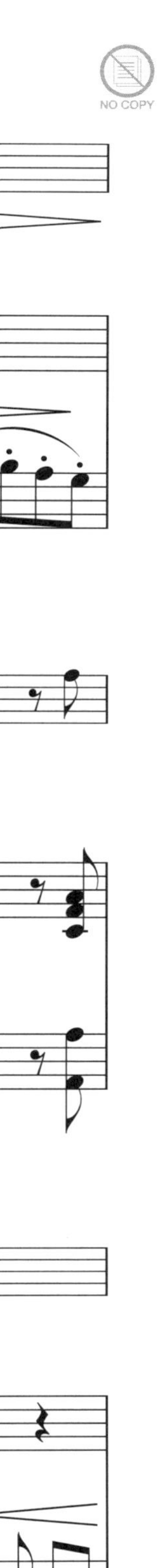

NO COPY

41
41
p
sf
p
47
f
47
f
dim.
p
p
53
mf
3
dim.
53
mf
dim.
59
mf
f
59
mf
f
108

65
p
p
69
f
dim.
73
f
77
f
p
dim.
109

Les Larmes De Jacqueline (자클린의 눈물)

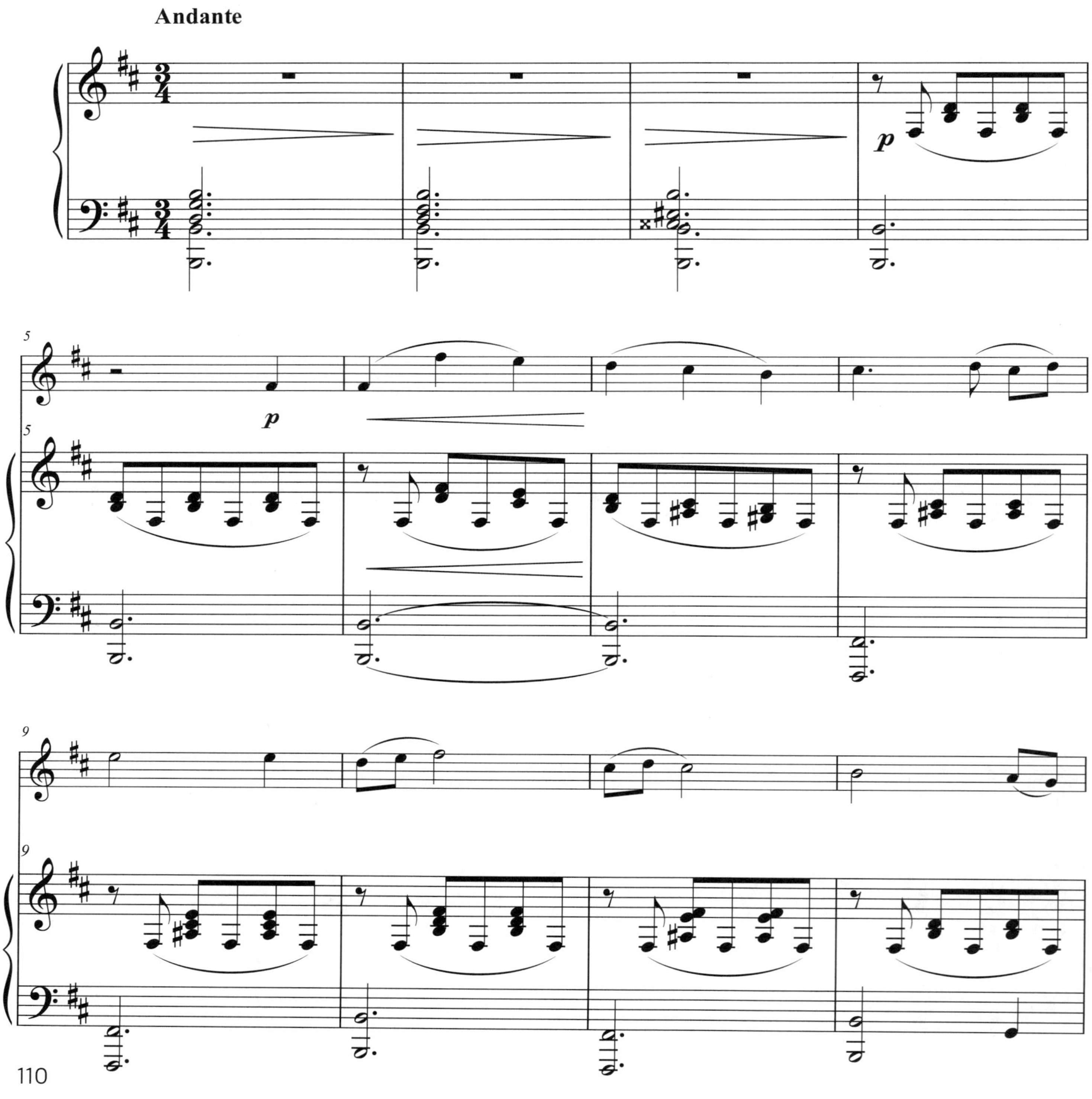

13
pp
17
mf
21
ff
25

animato
animato
ritenuto
ritenuto

41
a tempo
41
a tempo
45
45
49
49
p
52
molto ff
p
52
113

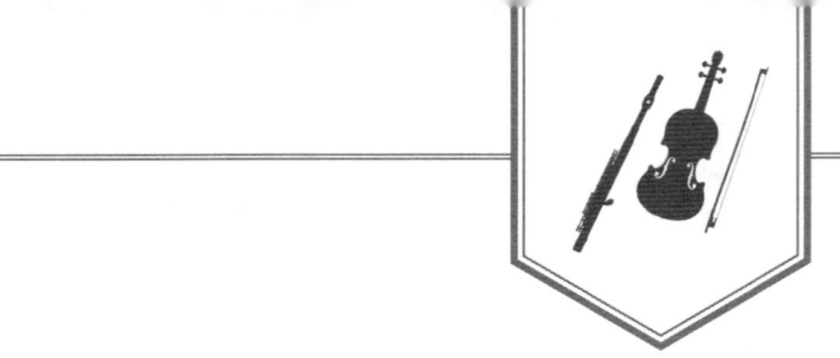

Libertango (리베르탱고)

Astor Piazzolla 작곡

Mosso, con energico ♩ = 75

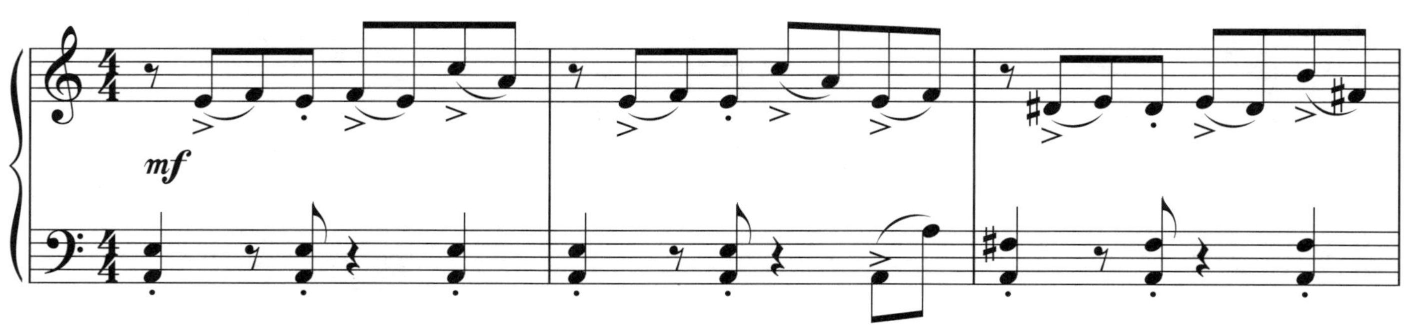

1.
2.

46
f
1.

68
68
70
70
72
72
fp
74
74
f
120

Nella Fantasia (넬라 판타지아)

Ennio Morricone 작곡

Slowly, expressively

NO COPY
13
mf
13
mp
17
3
17
legato
21
21
f
p
25
25
f
122

123

Playing Love (사랑의 연주)

Ennio Morricone 작곡

mp
a tempo
rit.
a tempo mp
rit.
a tempo mp
cresc.
mf
cresc.
mf

dim.
dim.
mp
mp
poco accel.
poco accel.
rit. dim.
p
rit. dim.
p
126

Time To Say Goodbye (헤어질 시간)

Francesco Sartori 작곡

Andante Moderato

14
mf
18
22
3
3
3
26
3
3
mp
mp
128

NO COPY

D.S. al Coda
D.S. al Coda
f
mp
ff
mf
mf
f
130

131

Una Furtiva Lagrima (남몰래 흐르는 눈물)

Gaetano Donizetti 작곡

22
22
25
f
25
28
8va
p
28
31
31
134
NO COPY

136

저자 소개

❧

  중앙대학교와 독일 프랑크푸르트 음악원을 졸업한 후, 첼로와 함께 반백 년이 넘는 오랜 기간 많은 학생을 지도하였습니다. 시립교향악단, 대학 강의, 독주회, 실내악 전국 순회 연주, 한국 바로크 음악 연구회 회장으로 활동해 왔습니다.

  수년간 서양음악의 본고장인 독일, 스위스, 비엔나에서 공부와 연주활동을 하며 동양인의 체형에 맞는 연주 자세, 손가락 운지법 등에 관한 교칙본이 필요함을 느꼈습니다. 귀국 후 첼로 교칙본, 콘체르토, 소나타, 어린이 첼로 소곡집, 명곡집, 피아노 트리오, 트로트집 등 49권의 책을 출간하였습니다.

저자 이구일(Cellist)

트로트·명곡

바이올린·플루트
and PIANO
연주곡집

발행일 2025년 4월 25일
저자 이구일

편집진행 황세빈, 전수아 · **디자인** 김은경 · **사보** 전수아
마케팅 현석호 · **관리** 남영애

발행처 (주)태림스코어
발행인 정상우
출판등록 2012년 6월 7일 제 313-2012-196호
주소 서울시 은평구 증산로 9길 32 (03496)
전화 02)333-3705 · **팩스** 02)333-3748

ISBN 979-11-5780-402-3-93670